TORQUEMADA
EN LA HOGUERA

Benito Pérez Galdós:

TORQUEMADA
EN LA HOGUERA

EDITED, WITH INTRODUCTION AND NOTES, BY
J. L. BROOKS
Professor of Spanish in the University of Durham

PERGAMON PRESS
OXFORD. NEW YORK. TORONTO.
SYDNEY. BRAUNSCHWEIG

Pergamon Press Ltd., Headington Hill Hall, Oxford
Pergamon Press Inc., Maxwell House, Fairview Park, Elmsford,
New York 10523
Pergamon of Canada Ltd., 207 Queen's Quay West, Toronto 1
Pergamon Press (Aust.) Pty. Ltd., 19a Boundary Street,
Rushcutters Bay, N.S.W. 2011, Australia
Vieweg & Sohn GmbH, Burgplatz 1, Braunschweig

Firts edition 1973

Library of Congress Cataloging in Publication Data
Pérez Galdós, Benito, 1843-1920
Torquemada en la hoguera
(The Commonwealth and international library.
Pergamon Oxford Spanish)
Bibliography: p.
1. Spanish language-Readers. I. Brooks, J. L., ed. II. Title.
PQ6555.T65   1973   468'.6'421   72-75312
ISBN 0-08-016917-1
ISBN 0-08-016918-X (flexicover)

Printed in Spain by. Editorial Eléxpuru Hnos., S. A. - ZAMUDIO-BILBAO
Depósito legal: BI-1977/1972

L

CONTENTS

ACKNOWLEDGEMENTS   vii

INTRODUCTION: BENITO PÉREZ GALDÓS   1

   (a)   His life   1

   (b)   His work   5

   (c)   The historical background   22

   (d)   Torquemada   30

SUGGESTIONS FOR FURTHER READING   39

CHRONOLOGICAL LIST OF THE NOVELS OF PÉREZ GALDÓS   40

TORQUEMADA EN LA HOGUERA   41

NOTES   103

GLOSSARY   111

INTRODUCTION

BENITO PEREZ GALDOS

(a) His life

Throughout the greater part of his career Benito Pérez Galdós was the subject of bitter controversy. From the moment in 1876 when he published *Doña Perfecta* till his death in 1920 he attracted the hostility, even the hatred, of the conservative and traditionalist elements in the country, who saw him as the demon bent on destroying all that was most valuable in the national heritage. A silent and withdrawn man, he was tempted on only a few occasions to venture into the field of active politics. Nevertheless, he still found himself constantly and viciously attacked and deprived of many of the rewards that should have been his as the country's most distinguished artist.

Born on May 10th, 1843, in Las Palmas in the Canary Islands, the tenth child of middle-class parents, he was sent at the age of nineteen to the University of Madrid to study Law. It is possible that the decision to have him leave home was taken not because of any marked interest he had shown in academic study but because of an involvement with a girl of whom his dominating mother disapproved. However that may be, he certainly soon deserted the University for the more exciting political and artistic life of the capital. Journalism attracted him and, by 1865, he was sufficiently well established to be working for a reputable journal, *La Nación,* in which he published not only numerous articles but also a translation, the first into Spanish, of *The Pickwick Papers.* Two years later, in 1867, there occurred what may be considered one of the most significant events of his life, his first visit abroad, to France. There he discovered Balzac, who was to become, along with Dickens, the great inspiration of his life. Many years later, in *Memorias de un desmemoriado,* he referred to his visit: «El primer libro que

1

compré fue un tomito de las obras de Balzac —un franco: Librairie
Nouvelle—. Con la lectura de aquel librito, *Eugenia Grandet,* me desa-
yuné del gran novelador francés, y en aquel viaje a París y en los suce-
sivos completé la colección de ochenta y tantos tomos que aún conservo
con religiosa veneración.» In the same *Memorias* he writes: «Apenas
devorada la *Comedia humana,* de Balzac, me apliqué con loco afán a
la copiosa obra de Dickens», and goes on to describe a pilgrimage to
the tomb of the great English novelist during a visit to England: «Como
éste fue siempre un santo de mi devoción más viva, contemplé aquel
nombre con cierto arrobamiento místico. Consideraba yo a Carlos Dickens como mi maestro más amado.» Resolved now to be a novelist and
with no doubts as to what his primary theme should be, he set out
to prepare himself for his task. He travelled extensively, sometimes
abroad but more especially in Spain, to find the material in archives,
journals, and local traditions for his first historical novels and for the
Episodios nacionales.

By the year 1880, with six novels and twenty *Episodios* already published, Galdós was without any doubt Spain's leading writer, but the
more bigoted members of the conservative establishment could neither
forgive nor forget the criticism levelled at the Church in *Doña Perfecta*
and *Gloria* and were determined to deny him official recognition. In
1881 they saw to it that he was refused membership of the Ateneo, the
leading literary club, and in 1883 and 1889, although by this latter year
the early controversies were far behind him and he was the author of
such novels as *Fortunata y Jacinta* and *Miau,* they successfully opposed
his election to the Real Academia. Fortunately for the good name of
that august body, when another vacancy occurred in that same year of
1889, he was elected, thanks mainly to the intervention of the distinguished scholar Menéndez y Pelayo, a man of diametrically opposed religious and political views but who was great enough not to allow them
to prejudice his artistic judgement on this occasion. It was at this ime,
too, that he first emerged on to the national political scene: in 1886
Sagasta invited him to become a liberal deputy in the Cortes and
offered him a safe seat as representative of a Puerto Rican constituency.
Galdós accepted but seems to have taken little part in parliamentary
activities. He resigned the seat in 1890.

One of the great problems of Galdos's life had always been his inability to save money. It is generally believed, and his principal biographer, Berkowitz, draws particular attention to this, that he found himself obliged to spend lavishly to maintain his mistresses and to pay for his numerous *affaires*. In the early years of the eighteen-nineties the situation seems to have become especially pressing and Galdós, in an effort to make some money, decided to try his hand at being a playwright. The theatre could bring greater and more immediate rewards. It is perhaps unjust entirely to attribute his venture into the drama to economic reasons: a writer with such pronounced views on the duty of the novelist could equally feel that the Spanish theatre of the time called for reform, and to produce, in a version adapted for the stage, such a complex and, by the standards of the time, such an unusual work as *Realidad* reveals more of the idealist than of the materialist. *Realidad* was followed during the next five or six years by other plays, some original, some adaptations of novels, including one of *Doña Perfecta,* but the venture did not bring the expected return. Some of the plays were reasonably successful but in general Galdós was either not able or not willing to learn the technique of the stage. His hostile critics joyfully accepted the opportunity to launch further attacks. In 1896 his impecuniousness brought more unpleasantness: he accused his publishing partner of depriving him of some of his rightful profits and brought a legal action against him. Eventually the case was settled out of court with Galdós being awarded the complete rights to the publication of all his works, but so many expenses were incurred in the lengthy legal haggling that he was little better off financially at the end.

The last decade of the century must have been an unhappy period for Galdós although the novels, with their probing into the meaning of religious existence, hardly show it. He publicly expressed his anger at the poor reception of his plays; he felt bitter enough at what he believed to be the dishonesty of his friend and publisher to sue him in court; he became so disillusioned with the political state of the country that he cast aside his faith in moderation and reverted to an extreme position more typical of his earlier days. The disaster of 1898 persuaded him that he had been right in believing the Church to be the great destructive element in Spanish society and, in his first work in the new century, the play *Electra,* he vigorously expressed this belief. The play, produced in Madrid in 1901, was received enthusiastically by the more disillusioned radicals who mobbed the author as he left the theatre and noisily escorted him ti his home. Such was the uproar that the Captain-General of the city banned all demonstrations and requested Galdós to leave the theatre in future by a back door. A provincial tour aroused the same reactions and some local clergy threatened with excommunication any of their parishioners who attended the play. The word *Electra* became a rallying cry and when some of the young writers, the *avant-garde* of *modernistas* and the «Generación del 98», founded a review this was the title they gave it.

Galdós was now a national political figure and in 1907 he publicly announced his conversion to the Republican cause. He was promptly elected a Republican deputy to the Cortes and, when in 1910 he had to stand for re-election, he produced another play to inspire his supporters. *Casandra* is not dissimilar in theme to *Doña Perfecta* but offers a different solution: the young radical is no longer murdered by the old reactionary tyranny but takes arms against it and destroys it.

Galdós was now perhaps more widely known throughout the country than ever before, but his notoriety was not all gain. If at the beginning of his career his conservative opponents were prepared to prevent his entry into the Ateneo and the Academia, they were even more determined now not to support his candidature for the Nobel Prize. In both 1905 and 1912 it was suggested that he was a fit person to receive the prize for Literature but on neither occasion was it awarded to such a controversial figure. He might have been more fortunate had it been a few years later for, in 1913, he forswore his republicanism and agreed to meet the king. Indeed, when in that same year, in an attempt to help him in his financial difficulties, a national public subscription appeal was launched, Alfonso XIII was the first to contribute. His opponents were not appeased, however, and their refusal to cooperate, combined with the outbreak of the Great War, doomed the appeal to failure. Now an old man, blind and suffering from arteriosclerosis, Galdós spent his last years in poverty. He died on January 4th, 1920.

(b)   His work

The novels of Pérez Galdós may, for the purposes of a broad survey, be divided into three main groups. In the first, those published before 1880, the author is writing about Spain, its history and its problems. In the second, those published between 1880 and 1890, Spain and its problems recede into the background and the individual and his problems become the central theme. In the third, the novels published after 1890, one particular human problem, the spiritual existence of man, his relationship with God, preoccupies the author. By studying some of the major works in each of these groups one may arrive at an overall picture of the achievement of the novelist.

Galdós set out on his career as a self-confessed didactic writer. Arriving in Madrid from the Canary Islands in 1862, a young man of strong progressive views, he was appalled at the social and political stagnation of the country during those last years of the reign of Isabel II. For a brief moment, in 1868, his hopes rose, but it soon became only too apparent that the *gloriosa Revolución* was belying its name and that things were going to remain much as they had been before. For a young radical the explanation of the situation was obvious: the liberal movement no longer existed as a viable political force. But for one with a missionary zeal to improve his country more than a simple statement of fact was called for: an explanation of how and why the movement had reached such a state was required. For such an explanation it was necessary to go back into history to ask whether the causes of the decline of liberalism were not innate in the movement from the moment of its birth, if not indeed from the moment of its conception. His first two major literary ventures were attempts to answer that question: *La Fontana de oro* (1868) is set in 1820, the year which, with the Riego *pronunciamiento,* marked the birth of liberalism as an effective political force and *El audaz* (1871) in 1804, a year which, with the victorious advance of the Napoleonic armies and the consequent disintegration of the Bourbon dynasty, saw, for the first time, some open expression of liberal ideas in Spain. Neither of these novels purports to be much more than a description of a political situation, an examination of which might help towards an understanding of later events. The fictional element is of minor importance and the characters exist principally to serve as mouthpieces for conflicting factions and ideologies. However, the novels do provide an answer to the question posed: from the very beginning the liberals showed themselves incapable of merging into a unified party and the schisms that were there in 1804 reappeared in 1820 to allow Fernando to defeat Riego, and again in 1868 to prevent the instigators of the *Revolución* from reaping the rewards of their victory.

These first two novels did not exhaust Galdós's interest in the early years of the century, nor did they satisfy his urge to illustrate to his countrymen the lessons that could be learned from a study of history. No sooner were they finished than he started on the ambitious undertaking of the *Episodios nacionales,* originally conceived as a means of recounting the history of the nineteenth century, from the beginning to his own time, in a form that would appeal to a mass of readers. The idea was to pick out significant events or moments and describe them under a thin covering of fiction; there could be imagined characters and plot, but the importance of the *Episodios* would lie in the historical background. The *Episodios* were to appear in series of ten, each series covering a clearly defined period of history, and by the end of his life Galdós had produced forty-six in all, bringing the story from the Battle of Trafalgar in 1805 up to the post-Restoration ministry of Cánovas del Castillo. However, in this survey only the first two series call for mention since, when they were completed, Galdós put this particular genre on one side and did not take it up again until towards the end of his life when his creative powers were beginning to decline. The *Primera serie,* ten volumes completed between 1873 and 1875, covered a decade, 1805-15, which could serve as an illustration that Spain was not inevitably fated to be a nation rent with faction and strife but could, when the call came, present a united face to its enemies. Its fortunes as a great power could hardly have sunk lower than they did after the Battle of Trafalgar, yet by 1814 the French had been driven out and independence regained. This recovery and revival was brought about, not by the ruling politicians, but by the will of the common people; the War of Independence began when the people of Madrid rose against the French on the famous *dos de mayo* in 1808 and it was the same popular spirit throughout the country that inspired resistance to the invader and brought final victory. Any serious account of the period must therefore concern itself with the people and not, as would be the case with a traditional historical novel, with romanticized exploits of great heroes. The *Episodios* describe the events as they were lived through and endured by the ordinary people and for the *Primera serie* this popular aspect is stressed by the person of the narrator, Gabriel Araceli, a cabin-boy at the Battle of Trafalgar and then, after the defeat, a homeless wanderer through Spain, who can only see life at a very humble level. The presence of Araceli linking these first ten *Episodios* and the fact that essentially they deal with one single happening, the war, permit one almost to consider them as separate chapters of the same novel. Significantly, the *Segunda serie,* written between 1875 and 1879, and dealing with the period 1815-34, dispenses with the unifying narrator as if to symbolize the disintegration and the shattering of unity in the twenty years of the reign of Fernando VII. With the completion of the *Segunda serie* in 1879 Galdós announced that he had decided to «abandonar para siempre... el llamado género histórico» because, as he said, events after 1834 were too close to be seen in proper perspective. One may, however, surmise that this was not the only reason for leaving the historical genre. The appearance in 1876 of *Doña Perfecta,* a «contemporary» novel, and then, in 1877-8, of three more, *Gloria, Marianela* and *La familia de León Roch,* suggest that the professed disciple of Balzac and Dickens was becoming aware, long before the completion of the *Segunda serie,* that his talents as a novelist could be better employed in fields other than the historical. These works, in fact, represent the first tentative steps of Galdós towards being a novelist in the more modern sense of the term and mark a significant turning-point in his career. The contemporary setting will eventually provide him with the opportunity to study human nature with more freedom than he could in the more restrictive historical background. However, these four novels are only foreshadowings of what is to come. There is as yet no major change in technique; although the novels bear as titles the names of characters, they are not primarily about those characters as individuals but rather about the situation in which they find themselves. In other words,

the theme is still Spain and the problems that confront it, but now
it is the Spain which the author himself knows, the Spain in which
he is personally involved. And he is still the young didactic writer
with the same views and prejudices which drove him initially to delve
into the past. If a root cause of the contemporary situation was the
death of liberalism, what were the living forces that took its place
and ruled in its stead? The answer to this question as given in *Doña
Perfecta* and the other new novels is the Church. It is the Church
with its rigid traditionalism, its temporal as well as its spiritual power,
that dominates the life of the country and bars the way to progress.
It is the Church that is the Spanish problem. The aim of these novels
—one should, perhaps, exclude *Marianela* which follows a different
line—is to demonstrate, and to demonstrate with a virulent bitterness,
how the Church, unscrupulous, intolerant, one might almost add,
unchristian, exercises its authority. To achieve this aim the author must
adopt the same pattern as in the earlier *novelas* and *episodios*: create
a situation which cither the evidence of history or of one's own eyes
shows to be a true one and then invent characters to put into that
situation who will prove the validity of the thesis. Such characters can
have no independence of action but must obey the dictates of the om-
niscient author who is convinced that he knows what happens in such
circumstances. So insistent is Galdós on stressing the reality of the
situation, the problem, that he forgets about the reality of the characters, who remain lifeless puppets or stereotyped symbols of ideas and
attitudes. In *Doña Perfecta* neither Pepe Rey, Rosario, Don Inocencio
nor Doña Perfecta herself has any existence outside the confines of
the plot, which is that of an inverted morality tale in which evil triumphs
over good. One might even describe it in fairy-story terms: the malicious queen, under the spell of the wicked magician, kills the handsome
prince to prevent his marrying the beautiful princess. Pepe Rey, a
young engineer from Madrid, educated and full of modern ideas about
progress, a typical hero for the early Galdós, arrives in the provincial
city of Orbajosa and falls in love with Rosario, daughter of Doña Perfecta. Soon, however, his outspoken criticism of the Cathedral and its
chapter and his open profession of liberal sympathies arouse antago-
nism and he is proclaimed as a representative of the new and dangerous

ideas emanating from the capital and threatening the traditional virtues of provincial Spain. In an outburst of violence he is murdered. The forces of reaction have triumphed. The trouble with this over-simplified approach is that it reduces the impact of the thesis and leaves the reader with a number of questions he would like to ask. If Pepe Rey is intended to represent the ideal of the «new» Spaniard, scientifically educated and aware of the need for progress, why does he behave in a fashion so stupid and tactless that even a more moderate community would find it hard to tolerate him? If it is the reactionary traditionalism of the Church that is the problem, why attribute the final disaster not to the doctrines of the Church but to the self-seeking desires of Don Inocencio, one of its members? Above all, why leave so many gaps in the portrayal of Doña Perfecta? If she is so malleable in the hands of the priest that she can be made to murder Pepe Rey and to drive her daughter to insanity, how can she have acquired both the reputation for kindness and the political authority which she has? One wonders what the less dogmatic and more mature artist of the later works would have developed from this two-dimensional sketch. The same faults are evident in *Gloria* and *La familia de León Roch,* which, while they reveal advances in narrative technique, still allow thesis to dominate character. In *Gloria* the intolerance and inhumanity of the Church are directed, not against progressive ideas, but against a young Jew who dares to fall in love with the pure Catholic maiden, Gloria. In *La familia de León Roch* they reveal themselves in their insidious designs to destroy the marriage of León, a young man of liberal and humane views, to a young girl who has not the strength to shake off the influence of her orthodox Spanish upbringing. In neither of these novels do the characters emerge as living beings with complex problems of their own, nor do they develop as individuals during the course of the work; in both books it is the message that is hammered home, and the message might be summed up in the words of the *moraleja* which, originally applied to the people of Orbajosa at the end of *Doña Perfecta,* might be extended to refer to the Church and its representatives: «Lo malo no es que no sepan nada de nada, sino que no quieren saber nada, ni pueden... gracias a la idea de su superioridad y de creerse en la posesión de la verdad.»

When, already a well-established novelist, Galdós undertook the publication of a uniform edition of his works, he drew attention to the year 1880 as a significant turning-point in his career. In classifying his work, he called the novels published before that date *Novelas de la primera época* and so implied that he saw them as «early» works, works of an apprenticeship. Those that followed, the *Novelas españolas contemporáneas,* were the works of the skilled craftsman, the mature novelist. Few modern readers will disagree with this judgement, for not only do the *Novelas españolas contemporáneas* cover a much broader spectrum of humanity but they also reveal a much more profound insight into human nature. The broader spectrum is achieved by changing the environment of the characters from the limited society of the provinces with its traditional fixed hierarchies to the more complex class structure of the capital in which the new middle class was emerging as the vital element. The morals and manners of this class form, certainly in the earlier works, the focal theme of the author; his characters either struggle to conform to the new norms and be accepted, or they reject them and search for some other philosophy which will give meaning to their lives. Those who fall into the first category and blindly follow the doctrines of materialism tend to suffer for their sins, for the Galdós of the *Novelas españolas contemporáneas* does not immediately cease to be a didactic writer, while those who fall into the second are generally seen through more sympathetic eyes. Obviously, there must be more to the analysis of human beings than simply attaching them to one or other of these groups—there may be many reasons why each one chooses his particular path—but, for the most part, the question the characters find themselves asking is, how best to deal with the problem of living in society? Two of the earlier novels, *La desheredada* and *La de Bringas* (1881 and 1884 respectively), present the problem in a simple form: both Isidora and Rosalía de Bringas, the respective eponymous heroines (and both women to whom reference is made in *Torquemada en la hoguera*), believe unquestioningly in the current materialist doctrines and have no aim in life beyond aspiring to be as good as, or better than, their neighbours. To achieve a social status which they consider their due they are prepared to sacrifice moral standards and give themselves to men who, they think, will help them. Each in turn finds that the dream of social advancement is an empty bubble and that her last state is infinitely worse than her first. Isidora descends from her fantasy existence as the daughter of a *marquesa*, with all its attendant luxury, to the real existence of the street-walker. Rosalía, having sold her body and fallen into the clutches of moneylenders to keep up with her neighbours in the tight little society of the residents of the Royal Palace, finds that, when at last she is free from financial embarrassment, the Palace itself has been swept away by the *gloriosa Revolución,* and that all her striving has been for naught. *Sic transit gloria mundi; polvo, viento, humo, nada.* The link with the Golden Age *comedia* is not far-fetched, for both Isidora and Rosalía choose the life they lead and refuse to follow the straighter and narrower path. Isidora rejects a proposal of marriage from one who intends to work for his living and contribute to society because she considers him her social inferior. Rosalía despises Refugio for deserting her proper «class» and setting herself up in business, but it is to her she has to crawl for rescue from her financial predicament. The message of the novels is clear: the new materialism has created false values in which the appearance of belonging to a class and the benefits that can accrue from that class are all-important and the sense of contributing to or meriting the status in the society is nonexistent. The hero is still the Pepe Rey, the person who recognizes his obligations to work, to educate himself and to give something to the world as well as taking something from it. The *moraleja* at the end of *La desheredada* applies equally to *La de Bringas* and to other novels of the period: «Si sentís anhelo de llegar a una difícil y escabrosa altura, no os fiéis de las alas postizas. Procurad echarlas naturales, y en caso de que no lo consigáis, pues hay infinitos ejemplos que confirman la negativa, lo mejor, creedme, lo mejor será que toméis una escalera.»

The social commentary, important though it is, does not, however, constitute the really significant difference between the *Novelas españolas contemporáneas* and their predecessors. This is to be found in the new approach to characterization, both in the recognition that people are not necessarily automata but independent entities, and in the techniques of analysing that independence. Neither Isidora nor Rosalía is a predestined victim, but each chooses the path that leads to destruction. Equally relevant to their careers is the reason why they choose that path. Admittedly in *La de Bringas* there is little of this: from *Tormento,* an earlier novel, we learn that Rosalía's taste for luxury is matched by an unpleasant bullying nature, but *La desheredada,* while it lacks the subtlety of the later works, suggests quite clearly that there are powerful psychological influences at work on Isidora. Her father, whose story sets her off on her ill-fated journey, dies in a lunatic asylum, and her brother is probably a young man of diminished responsibility. Does her own credulity and her lack of moral fibre reflect some inherited abnormality, some mental instability? Certainly her tendency to soliloquize and day-dream, to build up in her imagina-tion fantastic pictures of the world that is going to be hers, places her in a different category from that of Rosalía whose desired paradise is one situated on the floor above and which she can see every day. An increase in dialogue—one chapter in *La desheredada* is set out as if it were a scene in a play—which allows characters to reveal their own motivations is matched by an even greater tendency to have characters talk to themselves, either when wide awake or half-asleep, or to narrate their dreams. In conversation characters are communicating with someone else and may, for a variety of reasons, distort the truth; in soliloquizing they may equally distort the truth but only to deceive themselves; in dreams, if one can interpret them, the soul and mind are laid bare. The soliloquies of Isidora show her aspiring to a dream world, but it is a dream of material glory and Galdós follows Calderón in suggesting that even in dreams it is better to «obrar bien».

The complete and definitive statement of Galdós on society and the pressures it imposes on the individuals who compose it is found in *Fortunata y Jacinta* (1886-7), which is not only his greatest novel but also one of the masterpieces of nineteenth-century fiction. The central thesis of the novel is that the new middle class, the rise of which is described in almost excessive detail in the early chapters, is slowly strangling itself in the noose of its own exclusiveness. Wealth has given it power and, seeing itself as the new aristocracy, it adopts the way of life and the attitudes of the old. Family alliances are established to cement business alliances and tight inbred circles are created. Within a few generations all links with the *pueblo,* the artisan and working classes, are severed and any infusion of new and invigorating blood is prevented. The result must be a decline into decadence as happened with the old nobility.

Fortunata y Jacinta would not, of course, survive as a major novel if it simply illustrated this thesis, if it were merely a didactic homily on the iniquities of a class structure at a particular moment in time. Galdós added the sub-title *«Dos historias de casadas»* and the book is primarily a study of two women, of their reactions to the mores of society, and of their marital relationships. For Jacinta, surrounded by all the comforts of middle-class prosperity, life is easy. By marrying Juanito Santa Cruz she has moved from modest respectability into luxurious wealth, and, protected from the buffetings of the world, she accepts life as it is. As a married woman she knows that her primary duty, as it would have been for the wife in any great family in the past, is to produce a child that will carry on the line. So moulded to the norm is she, so indoctrinated by the family, that she has lost all physical desires, all passion. Her husband's frequent affairs worry her primarily in so far as they may prevent her fulfilling her duty. Only when finally she is forced to face the fact that she will not have a child does bitterness appear and even then, when she toys with the idea of taking a lover herself, it is not sex but a desire for revenge that motivates her. In the event, she cannot overcome her training and she casts the idea aside. But she achieves a more satisfying revenge when, by accepting from the dying Fortunata the infant that Juanito has fathered, she can dismiss her husband from her presence as no longer necessary and can lavish all her maternal affection on a child that she can look on as at least partly her own.

It is this desperate longing for maternity that colours all Jacinta's relationship with Fortunata. For Fortunata, the girl from the slums, life has never been easy. Seduced and deserted when she is pregnant by Juanito, she is forced into the only profession open to the unmarried mother, prostitution. But she never forgets Juanito, who remains the only great love of her life, and when, bored with marriage, he seeks her out again she willingly goes with him. At first her love is such that she accepts the status of mistress, but soon jealousy of Jacinta begins to intrude. Not sexual jealousy, for she knows that Juanito would not be with her at all were she not superior on that side, but jealousy of the social respectability of the wife. As Jacinta can envy her her fertility rather than her sexual possess on of Juanito, so she can envy Jacinta her legal and social position. While she may proclaim to herself the supremacy of the natural over the social law, while she may profess the belief that, in all forms of creation, the female who produces the offspring has prior claims on the male, she is not strong enough to reject the social code altogether. She becomes obsessed with *honradez,* something Jacinta has and which should be hers by right. When her claims for recognition by the middle-class families are emphatically refuted by the supposedly charitable doña Guillermina, she accepts the only alternative and marries the weak and impotent Maximiliano Rubín, a man whose ego is so flattered by even the thought of being with her that he is prepared to forget her sinful past. So the beautiful and vigorous Fortunata, mother of Juanito's illegitimate children, is doomed to marry a man who is impotent.

Surrounding these two women and their complex love-hate relationship is a host of characters, major and minor, so numerous that it is impossible even to begin to list them. There is space only to mention the two husbands. Of these, Juanito does not merit much attention, being little more than a caricature of the typical *señorito,* idle, irresponsible, and interested only in his own pleasure. Maxi, however, may in some ways be considered as the most important character in the book, not so much for the part he plays in the plot but because he represents the author's first detailed study of mental and psychological abnormality, his first venture into what Ricardo Gullón has called «los ámbitos oscuros». Prematurely born of inadequate parents, Maxi never develops physically and spends his youth compensating for his weakly body by creating a fantasy world in which he is strong and virile and attracts the attentions of all the nubile girls. Unfortunately, an opportunity comes to translate that world into reality: Fortunata, partly because of her kindly nature but more especially because he is the only one who will offer her both respectability and security, accepts his proposal of marriage and he finds himself having to try to prove his virility to one who is widely experienced in the ways of men. Had he been content to admit defeat and accept his impotence, had he been satisfied with merely being seen to be her husband, he might have won the sympathy and the affection of the generous Fortunata, but his persistence disgusted her and she fled once again to the arms of the waiting Juanito. This crisis forces Maxi back into a fantasy world, but now it takes a different form. He imagines a world in which there is no body, only spirit, and into this world he retreats. There he is equal, if not superior, to people like Juanito who seek only for physical and sensual pleasures. Withdrawn from all active participation in the «real» world, he still looks and listens, deduces what is happening and what is going to happen, and lays his plans. He finds out that Fortunata is about to have another baby and that Juanito has deserted her and taken up with Aurora. He takes steps to see that Fortunata hears about this and so brings about her death. She rises from her bed, goes to Aurora's house and violently assaults her. The effort exhausts her and she dies, bequeathing the infant to Jacinta. Fortunata, dead and freed from the desires of the flesh, can now join Maxi in his world of the spirit, and they can be man and wife. When they finally carry Maxi off to the mental asylum, the Leganés, he is unconcerned; they are locking up his body but his spirit remains free.

Seen in the terms of society Fortunata and Maxi are both outsiders, but, while Fortunata's nature, generous and loving, extroverted, demands that she belong to humanity, that she share her joy of life with others, Maxi's, self-centred and introverted, allows him to opt out and exist in a world of his own. When Fortunata's body dies, all of her dies with it; when Maxi's is locked up, only a minor part of him is affected.

The character study of Maxi, important as it is in its own right as an analysis of a deficient personality, is equally important as a pointer towards the direction Galdós will take as a novelist. The novels which follow, except for the *Torquemada* series, show a diminishing interest in social pressures and aspirations and an increasing preoccupation with the more introspective world of individuals. *Miau* (1888), although it is linked with the contemporary scene by having as its protagonist a *cesante,* it first and foremost a study of an inadequate personality who cannot survive once the protective cocoon of his safe office job is stripped away from him. Villaamil can blame the system of *cesantía* for his plight, but no one should have so limited a vision of life as that presented by the filing cabinets of the Civil Service. No one should be so obsessed with trivial details of Income Tax and Customs Reform that, when deprived of them, his whole life collapses into nothingness. Villaamil, like Maxi, is a reject but, unlike Maxi, he has nothing to fall back on until, finally, his grandson, Luisito, explains to him what he must do. Luisito, a strange and sensitive child who imagines that he has conversations with God, tells him that God has revealed to him that the world is no place for such a lost soul as Villaamil, that he should end his life and join Him in Heaven. Villaamil doubts if he is even capable of such a positive act and his last expression is one of surprise that the pistol worked: «...¿Apostamos a que falla el tiro? ¡Ay! Antipáticas *Miaus,* ¡cómo os vais a reír de mí;... Ahora, ahora... ¿a que no sale?» The materialist Villaamil has been shown the light by the child who is aware that there is another existence beyond the wearisome everyday one.

At this stage in his career, with the clearly marked indication of *Miau* that realism need not, indeed ought not, primarily to concern itself with the observable social world but should more properly examine and describe the inner motivations that are the mainspring of man's actions, Galdós seems to have decided that it was time for a pause, for a recapitulation and an explanation. *La incógnita* and *Realidad,* both published in 1888-9, represent respectively what had been his method in the past and what was to be his method in the future. Both deal with the same characters and the same events, the first as seen by a third party, the second by the participants themselves. For the first Galdós adopts the epistolary form: a young man agrees to keep an absent friend informed, in a series of letters, about what is going on in the capital. Gradually three people, Tomás Orozco, his wife Augusta, and their friend Federico Viera, begin to emerge as the central figures in the letters, and the writer speculates about the possibility of Augusta being unfaithful to her husband. As he sees her it is unlikely that she, a young, attractive and sensual woman, can be content with life with a cold, aloof and older man. The obsessive desire of the gossip-monger to discover a scandal takes possession of him but he can find no evidence. He tries to create some: to prove that Augusta is responsive to other men's charms he tries to seduce her himself but she rejects his advances with scorn. This rejection, rather than convincing him that his suspicions are unfounded, only serves to make him more positive and more critical of Augusta, and he is almost pleased when he can report that Viera has been found shot on a piece of wasteland on the outskirts of the city. The only explanation can be either that Augusta shot him in a fit of jealousy or that he shot himself when he found he could no longer continue to betray his friend, Tomás. His speculations are justified. There is, however, no proof: no clues are found, the mystery remains unsolved, the «reality» of what happened must be a secret unless those directly involved are prepared to reveal the truth. *La incógnita* does not present simply the case of the outside observer being unable to say exactly what happened but also suggests that such an observer may not wish to be impartial. In this case the letter-writer, while starting out as little more than a gossipmonger, becomes quite malicious when Augusta insults him by spurning his advances and from then on everything is coloured by his intense dislike of her. Galdós is confirming what Cervantes said when he described the possible unreliability of the various hands through which the story of *Don Quijote* passed on its way to him. Is he also confessing that he himself may have been somewhat lacking in impartiality when he wrote *Doña Perfecta* and *Gloria*?

In *Realidad,* as the title implies, those directly involved reveal the truth. The novel is written in dialogue and there is no outside narrator. The three central characters, Orozco, Augusta and Viera, talk to each other, to themselves, and to hallucinatory figures who appear to them at moments when their defences are at their weakest and when to tell the truth is the only thing to do. The «reality», in the sense of the facts as a court of justice would require to know them, is that Viera and Augusta were lovers and that he, despairing of the dishonourable situation in which he found himself, committed suicide. To avoid a scandal Augusta and her maid destroyed all traces of evidence. More important to the novelist, however, is the true reality, the personal motivations that brought about the situation, and his main purpose in the novel is to study three conflicting psychologies.

Orozco, who is seen by the letter-writer of *La incógnita* as cold and austere, is a wealthy, successful man, but one who is conscious of a purer life than that of the materialist society to which he belongs. In soliloquies he reveals that he experiences an almost mystical aspiration towards a spiritual existence, towards a communion with a supernatural being, a universal conscience. His hope is that Augusta can transcend the passions of the flesh and join him in this existence. Augusta is, however, not unlike Fortunata, a sensual woman who achieves fulfilment in physical love and, unable to rise to the philosophical demands of her husband, turns to Viera who seems to need her more. Viera, too, is unhappy for, being a descendant of a now-impoverished aristocratic family, he despises the *nouveaux riches* and their blatant deification of wealth, but, believing that his rank entitles him to privilege, he accepts their charity. He also enjoys the pleasures of the body and so takes Augusta as his mistress. The conflict of conscience which ensues finally leads to his suicide: the privileges of noble rank also bring responsibilities and, in having as mistress the wife of a friend and benefactor, he is breaking the traditional code of *honor* and the *ley de amistad,* time-honoured guiding principles for noblemen. His conscience triumphs, and, with no philosophical world to which to escape, he shoots himself.

For none of the three people involved in this triangular affair is the problem one that is primarily created by social pressures: rather is it one created by their own complex natures. For Orozco, in some ways a character similar to Maxi, a purely physical existence is meaningless and any complete human relationship must be based on spiritual harmony. Thus he can respect and admire Viera who, even though he surrenders to the lusts of the flesh, is aware of, and struggles to follow, a code of behaviour which is based on a moral law. When he fails he takes the only honourable course open to him. He cannot admire and respect Augusta, who must bear the full blame for what has happened. She has no principles but is guided only by her physical instincts. As a just man he must offer her the chance of repentance: if she will admit the adultery and purify her soul by confession she will be worthy to join him in his spiritual world. She cannot and so is condemned. Orozco's condemnation of Augusta should not necessarily be taken as a reflection of the author's own views: it is difficult to imagine

that one who so wholeheartedly approved of Fortunata should be so
critical of Augusta, whose crime, like that of Fortunata, was to find
herself matched with a man unappreciative of her particular virtues.
It will be interesting to note how Galdós, when he goes on to study
further the spiritual aspirations of mankind, concentrates almost entirely
on men and sees women as more down to earth, more practical,
more conscious of human relationships in the world as it is.

Realidad is the last of the second group of novels mentioned at the
beginning of this Introduction, those published between 1880 and
1890. The new concept of reality has been defined and exemplified
and from now on it is this that will be his main concern. It is not surprising that, when Galdós comes to man's inner motivation, his longing
for something beyond the routine material existence, he should see it in
terms of religion and, specifically, of Christianity. Throughout his work,
and not only in the obvious distinction drawn between «religion» and
«the Church», and between true charity and the ostentatious giving of
alms, there is a strong current of Christian and, particularly, biblical
inspiration. The central figures of Angel Guerra (1890-1), Nazarín
(1895), Halma (1895) and Misericordia (1897) are all people striving
to achieve a truly religious life whether it be by searching for a personal relationship with God or by preaching and practising a truly
Christian life on earth. Angel Guerra, mentally disillusioned and physically wounded after a period with a revolutionary left-wing movement,
falls in love with the governess of his child, a girl whose only aim is
to retire to a secluded religious life. Since he cannot shake her from
her determination he tries to sublimate his physical desire into a
spiritual love, decides to become a priest and believes that he can
establish a mystical union with God. His life, therefore, is an attempt
to shake off the fetters of the material and physical world and to live
in an ideal existence of a pure and spiritual love. As the foundations
of his fantasy world are unsound, however, there is little chance of
success and, before he dies, he admits that he was not truly equipped
for it. The priest Nazarín rejects both the formal pastoral life and the
enclosed conventual existence, and seeks to follow exactly the example
of Christ. He wanders around the countryside preaching the gospel
and helping the needy. He attracts as disciples, as did his Master,

some of the less «respectable» elements of society and is soon seen
by those in authority as a cause for scandal. Matters are made worse
when he cures a child and his followers claim that he has performed
a miracle. Like his Master again he is arrested and imprisoned and the
novel ends with his transfer to hospital, suspected of insanity. His
story is continued in the next novel when Halma, a wealthy woman
who devotes her life to good works, secures his release and employs
him as her chaplain. Now his task is to show her where her true Christian mission lies; as one might have anticipated from Fortunata and
Augusta, it does not lie in denying her womanly instincts but in marriage with the man who loves her.

Both Angel Guerra and Nazarín are, in a sense, intellectuals. They
are capable of thinking about their situation and of working out a solution. Angel Guerra is attracted by mysticism, by the idea of personal
communion with God; Nazarín also appreciates this side of Christianity
but wants to put into practice the social teachings of Christ too. For
Benigna, the simple heroine of *Misericordia,* it is only the second of
the great commandments, «Thou shalt love thy neighbour as thyself»,
that has meaning and relevance. A servant in daily life, she is too
humble to aspire to be more than God's servant, obediently carrying
out His wishes. These she interprets with fundamental simplicity: all
God's creatures are equal in His sight and therefore each one is entitled
to a share of the fruits of the earth. «¡Estaría bueno que nos dejáramos
morir de hambre, estando las tiendas tan llenas de cosas de substancia!
Eso no: Dios no quiere que a nadie se le enfríe el cielo de la boca por
no comer, y cuando no nos da dinero, un suponer, nos da la sutileza
del caletre para inventar modos de allegar lo que hace falta, sin ro-
barlo... eso no. Porque yo prometo pagar, y pagaré cuando lo tengamos. Ya saben que somos pobres... ¡Estaría bueno que nos afligiéra-
mos porque los tenderos no cobran estas miserias, sabiendo, como sabemos, que están ricos!...» Thus she explains her philosophy to her
mistress, whose extravagant ways have brought her to poverty, and
for whom Benigna buys food by begging each morning at the church
porch. With her primitive Christian socialism, Benigna demands for
herself only the bare minimum needed for survival; anything else she
acquires she gives to her mistress or to others even more necessitous

if she meets them first. Her immediate reward is to be spurned by the one she has most helped: when she is released from prison, to which she has been committed for begging in a prohibited area, she finds that her mistress has inherited some money, that her efficient and unfeeling daughter-in-law has taken over the economic management of the house, and that there is no longer any room for one such as she. This does not embitter the charitable soul of Benigna: shortly after her dismissal she is visited by that same efficient daughter-in-law who begs her to come and cure her sick child, thus publicly admitting the inadequacy of her own materialism. Significantly, Galdós gives Benigna the words of Christ to speak: «Yo no soy santa, pero tus niños están buenos y no padecen ningún mal... No llores... y ahora vete a tu casa, y no vuelvas a pecar.»

Misericordia is, however, more than the straightforward tale of a charitable and unselfish woman who is rewarded with gross ingratitude. Behind the simple plot there is, as one would expect from Galdós at this stage of his career, a shrewd analysis of the conflict between the «real» and the «fantasy» worlds of the characters and there is further-more—and in this, perhaps, lies the core of the work—the portrayal of Almudena, the blind beggar, and the study of his relationship with Benigna. The racial and religious origins of Almudena are left deliber-ately vague. He appears to be part-Jew, part-Muslim, and to represent an Oriental rather than a Western attitude. The physical surroundings and their squalor mean little to him as they are irrelevant to the meaning of his life. Blinded while still a young man by an infection contracted after bathing in a polluted stream, he has turned his thoughts inward—«en lo de los mundos misteriosos que se extienden encima y debajo, delante y detrás, fuera y dentro del nuestro, sus ojos veían claro»—and away from the material world towards an imaginary exis-tence, the vision of which is heightened by his use of drugs. In one of his «trips» into this unknown world he has been promised by «el rey de baixo terra» that he has the choice between either untold wealth or a beautiful woman from the king's entourage if he can catch her. He rejects the wealth and opts for the more intangible reward, but each time he approaches the woman she moves away. Nevertheless' he resolves to follow her and so his life is dedicated to the pursuit of beauty. In Madrid he meets Benigna and decides that she is the woman. In spite of her repeated protests that she is old and ugly he persists in his pleas that she should marry him; he is not interested in age or physical appearance and cares only that her soul is beautiful. Finally, cast out from what she has always thought to be her home, she agrees to share his life with him. Thus there is created a union between the simple faith of Benigna, who worships the Christ who took human form and came down to earth, and the more complex philosophy of Almudena, the description of whose conversion automatically brings St. Paul to mind. Clearly Galdós is saying, in this final summing-up of his theories on man and religion, that there is a place both for the more Eastern concept of transcendental mysticism which can accept the physical world but sees it as of little importance, and for the more practical, down-to-earth faith which gives priority to the betterment of the human race. In the final analysis, however, it is to Benigna that he gives Christ's words to speak.

Galdós, then, developed as a writer from the man who, inspired by his reading of Balzac and Dickens, initially saw the novel as little more than a means of criticizing society to one who used it to reveal an extraordinary insight into the obscure, innermost recesses of the human mind and profoundly to analyse the spiritual motivations that urge mankind to a greater life. Reading his major works one acquires a deeper understanding of one's fellow men.

(c)   The historical background

(1)   «Viviendo el *Peor* en una época que arranca de la desamortización, sufrió, sin comprenderlo, la metamorfosis que ha desnaturalizado la usura metafísica, convirtiéndola en positivista.»

(2)   «Desde el 51 al 68, su verdadera época de aprendizaje... El año de la Revolución, compró Torquemada una casa de corredor en la calle de San Blas.»

(3)   «Al entrar en el Gobierno, en 1881, los que tanto tiempo estuvieron sin catarlo, otra vez Torquemada en alza... No pudo eximirse de la influencia de esta segunda mitad del siglo xix, que casi ha hecho una religión de las materialidades decorosas de la existencia.»

With these few brief comments in the early chapters of the novel Galdós gave his contemporary readers all the historical information they needed to understand how the circumstances in which he lived influenced Torquemada's professional philosophy and gave him the opportunity to develop his talents. Present-day readers may, however, find that a more detailed account of the period will help towards a fuller understanding of the man and the society in which he lived.

(1) Una época que arranca de la desamortización

From the early years of the century *desamortización,* or disentailment, had been an essential item in the programme for reform of Spanish liberals and radicals. During the War of Independence against Napoleon they hoped that what would emerge after victory would not simply be a replica of the old «traditional» Spain but would be a new and «regenerated» Spain and they knew that such «regeneration» could only be achieved through a basic redistribution of the national wealth. In a country in which, at the end of the eighteenth century, two-thirds of the total land was held in entail by nobility and church, redistribution of the national wealth could only be brought about by the breaking of the entails. Hence the importance of *desamortización.* The first opportunity officially to proclaim these liberal ideas came with the Cortes of Cádiz, convened in 1810 for the purpose of bringing together the many diverse elements engaged in prosecuting the war and of considering post-war policies. Liberals and radicals, being the most active members of the provincial *juntas* which directed the military operations, were in a majority at this Cortes and, consequently, the *Constitución* which it produced in 1812 reflected their views. While in no way an extreme revolutionary document it did include proposals for disentailment. Unfortunately for the progressives, a majority in the Cortes did not mean a majority in the country and when Ferdinand VII was restored to power in 1814 he found that he had sufficient support among the officers of the army and the conservatives to enable him to ignore the Constitution and to rule as an autocratic monarch. The old «traditional» Spain had returned and liberalism did not dare to show its face. The years of Ferdinand's reign were years of exile and imprisonment for those with progressive ideals. A brief revival of hope came in 1820 and, ironically, it was brought about by the autocratic ambitions of Ferdinand himself. Having reimposed authoritarianism in Spain he sought to do the same in the American colonies where dangerous ideas of independence had appeared. But the army which he had massed at Cádiz for embarkation overseas showed little enthusiasm for its task and one of the officers, Colonel Riego, sensing the disaffection, «pronounced» in favour of the Constitution. He found sufficient support among other garrisons throughout the country to be able to impose his will on the king and for a brief period Spain had a constitutional monarchy. For a brief period only, however, because other European monarchs, fearing that similar uprisings might upset their own recently restored thrones, rallied to Ferdinand's aid. A French army, the 100,000 Sons of St. Louis, invaded Spain in 1823 and restored the king's authority. From that moment until his death in 1833 Ferdinand ruled more autocratically and more repressively than ever and all thoughts of liberalism were buried.

The dispute over the succession that followed the death of Ferdinand was not one in which liberals could feel immediately and deeply involved as both claimants—Prince Carlos, Ferdinand's younger brother, and María Cristina, Ferdinand's widow acting on behalf of her infant daughter—were firm believers in an absolute monarchy and differed only in degree. However, the conflict did bring into the open basic ideological differences within the radical elements in the country. Just as the conservatives were divided into *carlistas,* or extreme right-wing reactionaries, and *moderados,* so the liberals split into *progresistas,* who were willing to accept a monarchical system and to try to achieve reform within it, and *exaltados,* who believed that the system should be overthrown by revolution. This split had an important effect on the political life of the country since it meant that the extreme wing of each party had, for all practical purposes, opted out of parliamentary politics. It also meant that María Cristina, when she assumed the office of Queen Regent, found herself faced on the one side with the armed rebellion of the *carlistas* and on the other with the smouldering resentment of the *exaltados* which could easily burst out into mass uprisings in the big cities. In this situation she could not afford, however bitterly she hated liberalism, to alienate the *progresistas,* but she had no intention of giving them power except in a moment of extreme crisis. Such a moment arose in 1835. The *exaltados* were threatening to bring out the populace on to the streets in Madrid and, to pacify them, in the July of that year María Cristina called on the *progresistas* to form a government. The important figure in this government was Juan Alvarez de Mendizábal. Mendizábal was a rare figure in the political life of that time: a financier by profession, he saw that only by settling the problems of the economy, crippled by the war and by ineffective government, could any real progress be achieved. He therefore went straight to the root of the matter, the entails, and introduced legislation which «nationalized» the estates of the monastic orders and which required the entailed property of the secular church and of private families to be released for sale by public auction. At last it looked as if the dream of the liberals was about to become a reality. But there was to be a delay: María Cristina found this revolutionary legislation too high a price to pay for the pacification of the *exaltados* and, after a brief period out of office in 1836, Mendizábal was finally dismissed in 1837. To succeed him, the Queen Regent chose General Espartero.

Espartero was the popular hero of the moment as the soldier who had finally defeated the Carlist forces in the field but his reaction to the political situation was not that expected by María Cristina. Of *progresista* leanings himself, he decided that it was not Mendizábal who had lost the support of the nation but the Queen Regent, whose dealings on the stock market and in the slave trade had become a notorios public scandal. He therefore compelled her to abdicate and leave the however, first and foremost a soldier and he lacked political subtlety. His military approach to government antagonized the civilian members of the party and completely alienated the *exaltados* and in a few years he found himself almost alone. By 1843 the *progresistas* had to resign from office and the *moderados* returned under Narváez. Narváez solved the Regency problem by declaring Isabel, who was then only 13, to be of age and by inviting María Cristina back from exile to be a guiding power behind the throne. From that moment, until the *Revolución* of 1868 when Isabel was forced to abdicate, there were only two short periods, in 1854 and 1856, when the *progresistas* regained office. The conservatives remained almost permanently in power.

The *época que arranca de la desamortización* began, then, in 1836 with Mendizábal's initial legislation and, in spite of the shortness of time in office of the *progresistas* and of the bitter opposition of the nobility and of the Church, a considerable amount of land and property changed hands. Further property, especially that of the Military Orders, came on the market as a result of laws introduced in 1854 and 1856. In theory a major step forward towards the vital reform so eagerly desired by the liberals had been taken. Why did it prove so advantageous to the Torquemadas of Spain, a race whose existence must have been anathema to the liberals? The fact was that, while the intention of the disentailers was to make possible the creation of a population of small land-owning farmers, the only people who had the capital, or could lay hands on it, to buy the property once it came on the market were the wealthy or the speculators. The State, which badly needed the money to help to pay off the national debt, could not afford to give long-term credit to the poorer tenants to whom the land should have gone, and too frequently in the provinces the wealthy landowners, rather than have their estates reduced, contrived to increase them. The class which suffered was not the *grande* but the *hidalgo,* the equivalent of the English country gentleman. In the same way in the cities it was the wealthy noble or merchant or the speculator who acquired the houses and churches, in many cases to resell at a profit. With so much buying and selling, so many opportunities for speculation, it was hardly surprising that usurers should cease to wish to amass money for its own sake but should invest it to make more. They moved with the times and became, as Galdós put it, positivist rather than metaphysical in their philosophy.

(2)   Desde el 51 al 68

These were years, as has been seen, of conservative ministries, at first the *moderados* under Narváez and later the Liberal Union under O'Donnell, whose only ambition was to allow the expanding economy to have its head. This was precisely the sort of government demanded by the frivolous and amoral young queen, who would tolerate no criticism of her wayward and extravagant behaviour, and even more so by her mother, who was once again deeply involved in stockmarket deals. With no likelihood of ever being asked to play a serious role in policy-making the extremes of each party became even more convinced that there was no place for them in parliamentary politics, and this *retraimiento* was later to contribute in no small degree to the birth of the *Revolución*.

The stagnancy that pervaded the political scene was not, however, evident on the economic scene. It was not only *desamortización* that encouraged financial activity although it may have anticipated other causes. The late forties and the fifties were the years of the Industrial Revolution in Spain which brought an enormous expansion of the economy. The railways opened up the country and factories sprang up. As with disentailment earlier, the speculator, the man with money to invest, was in his element and soon the wealthy middle class attained a position of influence which it had never had before. It was this rise of the middle class and the aspirations that went with it that gave Torquemada the chance to learn his trade. The *haute bourgeoisie*, whose emergence is so meticulously described in the first book of *Fortunata y Jacinta*, saw itself as a new aristocracy and quickly dissociated itself from the merchant and artisan classes. It sought to live as it thought an aristocracy should with an abundant display of its affluence and possessions. It imitated foreign fashions, it engaged ostentatiously in charitable activities, it complied with all the outward forms of religion. Galdós faithfully records all these facets of this new society in his novels: Rosalía de Bringas with her fashions and her ambition to keep up with her neighbours, doña Guillermina (in *Fortunata y Jacinta*) with her overbearing obsession with «good works», and Cruz del Aguila (in the later *Torquemada* novels) with her conviction that, once the family fortunes had been recovered, it was her duty to give alms; and the frequently depicted contrast between true religion and the superficial observance of «duties». In a society so dedicated to the acquisition of wealth and to the display of the outward and visible signs of that wealth, a society where it was said «la pobreza es signo de idiotez», those less capable of keeping up might have to have recourse to the moneylender. In these years Torquemada rose from humble beginnings to a position which brought him clients like Rosalía de Bringas, whose husband was an official of the royal household, and, by 1868, he could afford to buy a tenement house as an investment. He was a capitalist.

The economic boom lasted until the early sixties and was then inevitably followed by a recession and by a general rise in prices. The government by its very nature was incompetent to deal with the situation but the queen's attitude had precluded the possibility of any parliamentary alternative. There were outbreaks of violence in the streets, one of the most serious being the mutiny of the sergeants at San Gil in 1866, after the suppression of which O'Donnell had forty of the leaders shot. This so outraged public opinion that Isabel dismissed him from office, but his successor, González Bravo, lacked all authority. Once again the army intervened: General Prim «pronounced» and took control. Although a monarchist in sympathy, Prim found that he would have to rely for support on the anti-monarchical elements, the *progresistas,* the democrats, and even the republicans, and so the departure of the queen became unavoidable. The *Gloriosa Revolución* ended with the abdication of Isabel II.

(3) Al entrar en el Gobierno, en 1881, los que tanto tiempo estuvieron sin catarlo, otra vez Torquemada en alza

The *Gloriosa Revolución* of 1868 failed in its objectives because there were too many diverse elements concerned in its making. Prim, without whose military authority and *pronunciamiento* it could never have succeeded in the first place, was a monarchist, albeit with *progresista* leanings. His allies were primarily anti-monarchist: radicals, democrats and republicans. There could be no easy agreement on the form of government that was to be imposed, and the form was important especially because of the power of patronage it bestowed. Who was going to reap the greatest benefit? In the event, Prim won the first round and set about finding a monarch. Naturally there were not too many candidates for this none too secure job, but finally, in 1870,

Amadeo of Savoy accepted the invitation and set out for Spain. Unfortunately for him, on the very day he arrived, Prim, whose forceful repression of republican risings had roused hostility against him in certain quarters, was assassinated and so, from the very first moment, his main prop was lost. Prim, no mean statesman, had managed to keep the monarchists more or less unified and the anti-monarchists quiescent; now there was chaos. By 1873 Amadeo had had enough and abdicated, and a republic was declared.

It would be difficult to imagine a more difficult situation than that which faced the new government. On the right they were faced with renewed armed rebellion by the Carlists, on the left they were subjected to pressure from the new and revolutionary doctrines of socialism and anarchism which were gaining influence in the industrial areas, and in the centre the republicans themselves were divided over whether they should adopt a centralist or federalist system. Inevitably, the final solution came through the *pronunciamiento*: first, a drift to the left was checked by the imposition of a right-wing government and, finally, in 1874, General Martínez Campos brought the First Republic to a close by «pronouncing» in favour of Alfonso XII, Isabel's son, and so the Bourbon dynasty was restored.

A prime factor in the success of the movement for the Restoration was the fear, especially among the middle classes, of complete anarchy. The republicans had shown themselves unable, at any rate in the time at their disposal, to master the difficult situation in which they found themselves, and so the army, exercising what it now considered to be its duty, intervened to restore order and prevent chaos. It was this fear of anarchy and chaos that dominated the thinking of the government that took office after the Restoration. A method had to be devised which would ensure, above everything else, stability, which would deprive any opposition of the need or the opportunity to go to extremes to impose its will. Cánovas del Castillo, the first conservative prime minister in the new reign, devised just such a method: in agreement with the liberal leader, Sagasta, he invented the *turno pacífico*, a scheme by which the government in office, when it felt that it had served its purpose or that the opposition was growing restless, would resign, call a general election, and ensure that the opposition

would gain a victory at the polls. In its turn the new government
would do the same. The system of *caciquismo* and political patronage
made the rigging of elections simple; indeed, on one notorious occasion
the results of an election were declared before the voting took place!
A glance at the list of ministries for the next twenty years shows
how successfully the *turno* worked: 1875-81, Cánovas; 1881-3, Sagasta; 1884-5, Cánovas; 1885-90, Sagasta, and so on.

The *turno pacífico* brought the stability so desired by the middle
classes and the last years of the nineteenth century became the golden
age of the businessman. If some had had vague *progresista* leanings
before the Revolution they dropped them now, and aspired only to
ennoble themselves either by alliances through marriage with the aristocracy or by the acquisition of titles bestowed by the monarch. They
made, as Galdós says, «una religión de las materialidades decorosas
de la existencia». Torquemada, who had established himself before the
Revolution and had doubled his capital between 1868 and 1874, found
the new situation equally profitable. Each new government, through
the exercise of its patronage, rewarded its supporters with ranks and
positions to keep up with which money was needed, and so there were
new clients for the moneylender. In 1881 it was the liberals; in another
year it would be someone else. As Galdós says, there was little to
distinguish one party from the other.

(d) Torquemada

In all, Galdós wrote four complete novels about the notorious
moneylender Torquemada. The first, *Torquemada en la hoguera,* published in 1889 between *La incógnita* and *Realidad,* stands somewhat
apart rrom the others and, indeed, from the mass of the author's work,
in that it is a short and concise account of a single event and covers only
a few days in time. The remaining three, *Torquemada en la cruz* (1893),
Torquemada en el purgatorio (1894) and *Torquemada y San Pedro*
(1895), form a trilogy and follow the more usual pattern of the long
biographical novel. The titles of the novels, as well as the structure,
point to two separate parts rather than a unified whole. Whereas the
word *hoguera* in the first establishes a firm link with the Inquisition,

with proof of guilt followed by summary condemnation to the stake, the ideas of *cruz, purgatorio* and *San Pedro* in the later works suggest the slower and more Christian process of death, purgatory and the Last Judgement. Torquemada is given a second chance, but he has learned nothing and does not mend his ways. Marriage into the poor but aristocratic family of del Aguila is looked on as a means to greater wealth and influence, but he reckons without his calculating sister-in-law, Cruz, who has not introduced him into the family just to satisfy his own greed. As fast as he makes money, she spends it on recovering the family's lost title, estates and social position. He is nailed to the cross of her extravagant ambitions and suffers torments as he watches his hard-won gains lavishly squandered on unprofitable ostentation. Soon the tortures penetrate more deeply into his soul. The prospect of a son to take the place of the idealized Valentín of his first marriage had given him the strength to bear the tribulations of life with Cruz, but the child is born mongoloid and, not long after, his wife, Fidela, dies. Once again he can find alleviation only in throwing himself more vigorously into the business of making money. «Si siempre fue hombre de malas pulgas, en aquella época gastaba un genio insufrible», says the author. Finally, as his life draws to its close, the priest Gamborena, chaplain to the del Aguila family, talks to him to try to prepare him spiritually for the next world, but still for him the word «conversión» refers first and foremost to stocks, shares and loans. Yet at the end the author does not pass final judgement as he did in *Torquemada en la hoguera*; it is possible that God, in His infinite mercy, may have deemed his sufferings on earth as sufficient to earn him a place in Heaven:

El alma del señor marqués de San Eloy se aproximó a la puerta, cuyas llaves tiene... quien las tiene. Nada se veía; oyóse, sí, rechinar de metales en la cerradura. Después el golpe seco, el formidable portazo que hace estremecer los orbes. Pero aquí entra la inmensa duda. ¿Cerraron después que pasara el alma o cerraron dejándola fuera?

De esta duda, ni el mismo Gamborena, *San Pedro* de acá, con saber tanto, nos puede sacar. El profano... se abstiene de expresar un fallo que sería irrespetuoso, y se limita a decir:

—Bien pudo Torquemada salvarse.

—Bien pudo condenarse.

Pero no afirma ni una cosa ni otra..., ¡cuidado!

For the moment, however, it is the life of Torquemada rather than his death that calls for study. Few characters in the vast *dramatis personae* of the novels of Galdós can have enjoyed such regular appearances over so long a period of time as the notorious moneylender. So much information about him had already been provided that, at the beginning of *Torquemada en la hoguera,* the author could write «Mis amigos conocen ya, por lo que de él se me antojó referirles, a D. Francisco Torquemada» and dispense with the need for much background material. His «amigos» would, in fact, have first met Torquemada six years earlier in *El doctor Centeno* and learned that in 1863 he was «hombre feroz y frío, con facha de sacristán, que prestaba a los estudiantes». They would have met him again in *La de Bringas,* little changed in character and appearance but now, in 1868, more prosperous. «Torquemada... con un gorro turco y un chaquetín de paño de ala de mosca... de mediana edad, canoso, la barba afeitada de cuatro días, moreno y con un cierto aire clerical... Vivía el tal en la travesía de Moriana en un cuarto grande... museo de lujo imposible, del despilfarro, de las glorias de un día, aquella casa era todo lágrimas y tristeza.» Finally, after a brief reference in *Lo prohibido* (1864-5), they would have made a much deeper acquaintance in *Fortunata y Jacinta* and discovered details of his early life, of his family, of his methods of business, and of his attitude to his fellow men. With these accounts of his activities and his background, little more was needed to introduce the «caso patético».

What might, on the other hand, have caused some surprise to the more perceptive of his readers was the choice of this particular moment to devote a complete novel to Torquemada. They would have noted in Maxi and Villaamil a new direction in characterization and would have inferred from *La incógnita* that the author was no longer satisfied with the traditional narrative techniques. Crearly succeeding generations of readers, armed with the further knowledge of the publication a few months later of *Realidad,* have been puzzled by this and have wondered whether the explanation should be sought in personal rather than artistic factors. Was this, perhaps, one of those moments of acute financial difficulty for the author? Had he found himself obliged to have dealings with a Torquemada? Certainly such a direct and venomous assault on an individual is rare in the works of Galdós.

From the very first paragraph of *Torquemada en la hoguera* the reader is left in no doubt either about the character of the eponymous hero or about the purpose of the book. On this occasion Galdós is not content, as he had been in the earlier days of *Doña Perfecta* and *La desheredada,* to allow the story to illustrate the thesis and simply add a brief *moraleja* for emphasis at the end. He starts straightaway with a declaration of intent: it is to be an exemplary novel about an evil man, a follower of the false doctrines of materialism, who is punished for his wickedness, and it is meant to serve as a warning to others who might err in the same way. The early chapters are devoted to a description and analysis of the wickedness. Torquemada is «inhumano», a «fiero sayón», and an «implacable fogonero»; he surbasses in cruelty even his notorious namesake and earns the title Torquemada *el Peor.* He is also a «feroz hormiga», so miserly that the simple humane action of spending money on medicine for his sick wife is deemed worthy of comment. Finally, he is a materialist with a soul fully occupied with «variadas combinaciones numéricas», who accepts without question the positivist philosophy of his age and uses it to advance his own interests. This account of the character of Torquemada is followed by an exposition of the moral issue. The basis of the case against the moneylender is not simply that he is a materialist but that he has been given the opportunity to be otherwise, that he has been offered a choice of paths to take and has deliberately opted for the one that leads to damnation. Within his own family there is living proof constantly before his eyes that there are human values very different from his own. Doña Silvia may be «otro él» and Rufina may, in some degree, be following in her footsteps, but Valentín, the infant prodigy, the unworldly genius, surely demonstrates the existence of more noble qualities. In the presence of his son Torquemada senses «la ingénita cortedad de lo que es materia frente a lo que es espíritu», but instead of praising God for bestowing this gift on him, he thinks only of the monetary rewards that will accrue from his intellectual prowess.

Torquemada pays no heed to the evidence offered and dismisses these spiritual values as irrelevant to the main business of life. For him, and for many of his contemporaries, as Galdós points out in other novels, religion is something to be kept apart from daily life. Where he differs from these contemporaries is in his complete isolation from formal religious observance. They at least publicly profess belief, perform the necessary rituals and keep up appearances, and so insure that they will have something to fall back on in their hour of need. Torquemada's only contact with religion is through listening to the ill-digested mixture of theological doctrines expounded by his friend Bailón, and even to these he pays only superficial attention as his mind is more preoccupied with the «baja realidad de sus asuntos». It is to this meaningless nonsense that he has to turn for an explanation and a solution when the crisis comes. He remembers that at some stage Bailón had declared that it was not God but Humanity that governed the Universe and decides that he is being punished for having, in some waunknown to himself, offended Humanity. While never admitting any guilt—indeed, initially he attributes his punishment to envy on the part of the Deity who fears that Valentín will grow up to be a rival—he is pragmatist enough to accept the situation and try to do something about it. A simple deduction tells him that if he has offended Humanity it can only be through his actions having been judged, wrongly, of course, to be inhumane. The solution must be to prove that this opinion of him is wrong, that he is in fact humane. Unfortunately his conception of humaneness is limited: it does not include a radical reassessment of his whole philosophy of life, of his attitude to his fellowmen, but consists simply of a slight adaptation of his methods of business. He remains the centre of his world and everything he does is for his own benefit, not for that of other people.

In the central chapters of the novel Galdós describes the various gestures Torquemada makes to prove his charitable nature, each one spoiled by some word or action illustrating that there is no essential change of character. His apparently generous refusal to press his tenants for payment is accompanied by an insistence that he has never really been harsh and cruel but that he felt it was his moral duty to see that people fulfilled their financial obligations. He prepares for his public almsgiving by filling his pockets with *small* change before he goes out into the streets. He knows he ought to give away his cloak to the half-naked beggar he meets, but he rushes home to change into an old one before he does so. These examples are followed by three more which deal with specific cases. The first is his decision to lend money to a man already heavily in his debt and to whom he has refused any further assistance. Full of self-rignteousness, he goes to the man only to find that he no longer wants the money as a relative has come to his aid. Torquemada almost begs him to take the money and, when he persists in his refusal, is outraged and explodes into anger. What right has this man to deprive him of an opportunity to display his charity? Instead of sharing the man's pleasure at his good fortune he leaves the house cursing him. He quickly moves on to the room of Isidora and her consumptive artist lover. There his offer will not be spurned for they have no one who can help them. They are over-whemed with joy when he immediately agrees to their request for 3000 reales and left speechless when he refuses to accept an I.O.U. He will simply take, he says, a couple of pictures as a memento. But, shrewdly noting that Martín has not long to live and remembering that paintings often rise in value when the artist is dead, he finally takes four or five and, to make doubly sure, finds he has not got the promised amount of money with him and leaves Isidora 200 reales short. Tangible rewards on earth must not be overlooked in the pursuit of rewards in Heaven. The third and final case is that of la tía Roma, an old woman who has worked in the house for many years. Torquemada rightly senses that she is a good person and feels that if he can impress her with his charity he is making progress along the right path. He forgets, however, that la tía Roma is, of all the people he has been dealing with, the only one who is under no obligation to him, who has no reason to flatter him or to hide her true feelings. Like Benigna in *Misericordia* she cares little for the luxuries of this world. The old woman quickly shatters his illusions. She points out that it is not the gift but the spirit in which it is given that counts, that the Virgin could not be bribed, least of all by the offer of a pearl which he had acquired by such dubious means, and that she herself knew him too well to be deceived by this façade of love and charity. She reminds him of all his past meanness and tells him she would not dare to sleep in the comfortable bed he offers her for fear of being contaminated Torquemada is furious. Once again someone has dared to impugn his motives and has stripped away the veneer of his self-righteousness. So violent is his abuse that la tía Roma runs from the room in terror.

These three cases show that Torquemada remains unchanged in spite of his professed conversion. He is still self-centred, avaricious and hypocritical. Inevitably, the punishment must be carried out to the bitter end. Valentín dies. For a few days Torquemada is distraught, but he makes one last futile gesture against the powers that have tortured him: he arranges a magnificent funeral for his son to show that he has not been defeated without a fight. Then he returns to the old life and the novel ends with him cursing charity and threatening to have his revenge by being worse now than he ever was before.

The novel, then, ends with the pathetic sight of Torquemada still convinced that he is the victim of injustice, threatening Heaven with even more awful behaviour. As la tía Roma says, seeing him once again preoccupied with his «negocios terrenos» the very day after the funeral of Valentín, «Nunca aprende.» This is where the pathos lies, this is the «caso patético»: the agony of Torquemada, self-imposed and fully deserved, need arouse no pity, but the fact that there can exist a man so blind to the true meaning of life, so incapable of comprehension even when the truth is revealed to him, certainly must do so. The warning is that others, if they follow in his footsteps, will come to the same end, that prophesied for him by la tía Roma «Mala muerte va usted a tener, condenado de Dios, si no se enmienda.»

So far this brief essay on *Torquemada en la hoguera* has concentrated on the content of the novel and little has been said about its structure and style. While Galdós was always more interested in what he said than in how he said it, it would be wrong to assume, as many critics in the past have done, that he lacked skill, that, as a Spaniard might put it, «no sabía escribir». A passing reference has already been made to the precise and careful construction of the novel: proposition, characters, crisis, efforts to resolve that crisis, climax and dénouement. The simplicity and conciseness are striking, especially in an author frequently criticized for prolixity. Once the purpose of the story has been stated, the plot develops rapidly and without interruption and no irrelevant material is introduced. It is not, however, only in the structure that Galdós reveals his literary skill. In this novel, essentially devoted to one episode in the life of one man, Galdós has created a protagonist almost in the Dickensian mould. He had already provided the skeleton in earlier novels and now he adds flesh to the bones and breathes life into the-body. His task is somewhat different from his usual one as the scope of the novel is more limited than that of most of his preceding psychological analyses. Galdós represents in Torquemada a spiritual failing that must inevitably invite punishment; but although he may suffer, he is not entitled to the usual Galdosian compassion and the sympathy of the reader must not be engaged. To achieve this alienation from Torquemada the author employs, especially in the early chapters, irony and caricature. The moneylender appears as a somewat grotesque figure: while not so distorted as many Dickensian characters, there is still an element of exaggeration in his portrayal. He is almost the cartoonist's version of the grasping miser. Ironically, this mean and squalid figure bears a famous name and has-to stand comparison with the great cardinal who, although he may not surpass him in heartlessness, moved in much more exalted spheres. The irony continues with the description of the family. Attention is drawn in the Notes to the marked difference between the doña Silvia presented here and the one encountered in *Fortunata y Jacinta,* and is there not also a trace of irony even in the depiction of the beloved Valentín? Can a child whose legs are rickety, whose head is a little too big for his body, any, finally, who strongly resembles his father really he handsome? The whole atmosphere of these introductory chapters is such as to preclude any deep involvement of the reader when the moment of torment arrives. Possibly, however, the most significant feature in the characterization of Torquemada is not the caricature but the language the author has given him to speak. In the chapter on Galdós in *Poesía y literatura,* Luis Cernuda remarks: «Galdós creó para sus personajes un lenguaje que no tiene precedentes en nuestra literatura, ni parece que nadie haya intentado continuarlo o podido continuarlo», and Torquemada can serve as an example of this. It is not simply that he speaks the language of the lower classes of the Madrid of the period, for other characters do that equally well, nor that he misuses a word such as «materialismo», although this particular slip may be relevant to his character, but that his favourite expressions perfectly reflect the innate vulgarity of the man. It must be sufficient here to note that he can hardly utter a sentence without including «¡puñales!» or its variant «¡ñales!», an obscene expletive which would certainly be frowned upon in polite society. The crudeness of the vocabulary matches the «deficiencia moral» of the man. In the portrayal of the protagonist and the skilful construction of the story Galdós reveals a complete mastery of the art of the novelist.

SUGGESTIONS FOR SOME
FURTHER READING

H. CH. BERKOWITZ: *Pérez Galdós, Spanish Liberal Crusader,* Madison, 1948.

JOAQUÍN CASALDUERO: *Vida y obra de Galdós,* 3rd ed., Gredos, Biblioteca Románica Hispánica, 1970.

SHERMAN H. EOFF: *The Novels of Pérez Galdós,* Saint Louis, 1954.

R. GULLÓN: *Galdós, novelista moderno,* Gredos, Biblioteca Románica Hispánica, 1966.

J. F. MONTESINOS: *Galdós,* Editorial Castalia, Vol. I, 1968; Vol. II, 1969; Vol. III, still to appear.

WALTER T. PATTISON: *Benito Pérez Galdós and the Creative Process,* Minneapolis, 1954.

ANGEL DEL RÍO: *Estudios galdosianos,* Zaragoza, 1953.

J. E. VAREY (ed.): *Galdós Studies,* Tamesis, London, 1970.

BERKOWITZ: *Pérez Galdós, Spanish Liberal Crusader* is the most complete biographical study available. Without doubt. the most important work to have appeared for many years, both for its range and its critical insight, is MONTESINOS: *Galdós.* For the historical background, the best book is probably RAYMOND CARR: *Spain, 1808-1936,* O.U.P., 1966.

CHRONOLOGICAL LIST OF
THE NOVELS OF PEREZ GALDOS

La Fontana de oro, 1867-8
El audaz, 1871
Doña Perfecta, 1876
Gloria, 1876-7
Marianela, 1878
La familia de León Roch, 1878
La desheredada, 1881
El amigo Manso, 1882
El doctor Centeno, 1883
Tormento, 1884
La de Bringas, 1884
Lo prohibido, 1884-5
Fortunata y Jacinta, 1886-7
Miau, 1888
La incógnita, 1888-9

Torquemada en la hoguera, 1889
Realidad, 1889
Angel Guerra, 1890-1
Tristana, 1892
La loca de la casa, 1892
Torquemada en la cruz, 1893
Torquemada en el purgatorio, 1894
Torquemada y San Pedro, 1895
Nazarín, 1895
Halma, 1895
El abuelo, 1897
Misericordia, 1897
Casandra, 1905
El caballero encantado, 1909
La razón de la sinrazón, 1915

TORQUEMADA EN LA HOGUERA

DURING the preparation of this edition of *Torquemada en la hoguera* it became apparent that many variations from the original text had crept into more recently published versions. I am grateful to the Librarian of Westfield College, London, and to Professor John Varey for allowing me to borrow a copy of the first edition, the text of which is reproduced here.

I

Voy a contar cómo fue al quemadero el inhumano que tantas vidas infelices consumió en llamas, que a unos les traspasó los hígados con un hierro candente; a otros les puso en cazuela, bien mechados, y a los demás les achicharró por partes, a fuego lento, con rebuscada y metódica saña. Voy a contar cómo vino el fiero sayón a ser víctima, cómo los odios que provocó se le volvieron lástima, y las nubes de maldiciones arrojaron sobre él lluvia de piedad; caso patético, caso muy ejemplar, señores, digno de contarse para enseñanza de todos, aviso de condenados y escarmiento de inquisidores [1].

Mis amigos conocen ya, por lo que de él se me antojó referirles, a D. Francisco Torquemada, a quien algunos historiadores inéditos de estos tiempos llaman *Torquemada el Peor* [2]. ¡Ay de mis buenos lectores si conocen al implacable fogonero de vidas y haciendas por tratos de otra clase, no tan sin malicia, no tan desinteresados como estas inocentes relaciones entre narrador y lector! Porque si han tenido algo que ver con él en cosa de más cuenta; si le han ido a pedir socorro en las pataletas de la agonía pecuniaria, más les valiera encomendarse a Dios y dejarse morir. Es Torquemada el habilitado de aquel infierno en que fenecen desnudos y fritos los deudores; hombres de más necesidades que posibles; empleados con más hijos que sueldo; otros ávidos de la nómina tras larga cesantía [3]; militares trasladados de residencia, con familión y suegra de añadidura; personajes de flaco espíritu, poseedores de un buen destino, pero con la carcoma de una mujercita que da tés, y empeña el verbo para comprar las pastas; viudas lloronas que cobran del Montepío civil o militar y se ven en mil apuros; sujetos diversos que no aciertan a resolver el problema aritmético en que se funda la existencia social, y otros muy perdidos, muy faltones, muy destornillados de cabeza o rasos de moral, tramposos y embusteros [4].

Pues todos éstos: el bueno y el malo, el desgraciado y el pillo, cada uno por su arte propio, pero siempre con su sangre y sus huesos, le amasaron al sucio de Torquemada una fortunita que ya la quisieran muchos que se dan lustre en Madrid, muy estirados de guantes, estrenando ropa en todas las estaciones, y preguntando, como quien no pregunta nada: «Diga usted, ¿a cómo han quedado hoy los fondos?».

El año de la Revolución, compró Torquemada una casa de corredor en la calle de San Blas, con vuelta a la de la Leche, finca muy aprovechada, con veinticuatro habitaciones, que daban, descontando insolvencias inevitables, reparaciones, contribución, etc., una renta de 1.300 reales al mes, equivalente a un siete o un siete y medio por ciento del capital. Todos los domingos se personaba en ella mi D. Francisco para hacer la cobranza, los recibos en una mano, en otra el bastón con puño de asta de ciervo; y los pobres inquilinos que tenían la desgracia de no poder ser puntuales, andaban desde el sábado por la tarde con el estómago descompuesto, porque la adusta cara, el carácter férreo del propietario, no concordaban con la idea que tenemos del día de fiesta, del día del Señor, todo descanso y alegría. El año de la Restauración, ya había duplicado Torquemada la pella con que le cogió la *gloriosa,* y el radical cambio político proporcionóle bonitos préstamos y anticipos. Situación nueva, nóminas frescas, pagas saneadas, negocio limpio. Los gobernadores flamantes que tenían que hacerse ropa, los funcionarios diversos que salían de la oscuridad, famélicos, le hicieron un buen Agosto. Toda la época de los conservadores fue regularcita; como que éstos le daban juego con las esplendideces propias de la dominación, y los liberales también con sus ansias y necesidades no satisfechas. Al entrar en el Gobierno, en 1881, los que tanto tiempo estuvieron sin catarlo, otra vez Torquemada en alza: préstamos de lo fino, adelantos de lo gordo, y vamos viviendo. Total, que ya le estaba echando el ojo a otra casa, no de corredor, sino de buena vecindad, casi nueva, bien acondicionada para inquilinos modestos, y que si no rentaba más que un tres y medio a todo tirar, en cambio su administración y cobranza no darían las jaquecas de la cansada finca dominguera.

Todo iba como una seda para aquella feroz hormiga, cuando de súbito le afligió el cielo con tremenda desgracia: se murió su mujer. Perdónenme mis lectores si les doy la noticia sin la preparación conveniente, pues sé que apreciaban a doña Silvia, como la apreciábamos todos los que tuvimos el honor de tratarla, y conocíamos sus excelentes prendas y circunstancias [5]. Falleció de cólico miserere, y he de decir, en aplauso de Torquemada, que no se omitió gasto de médico y botica para salvarle la vida a la pobre señora. Esta pérdida fue un golpe cruel para D. Francisco, pues habiendo vivido el matrimonio en santa y laboriosa paz durante más de cuatro lustros, los caracteres de ambos cónyuges se habían compenetrado de un modo perfecto, llegando a ser ella otro él, y él como cifra y refundición de ambos. Doña Silvia no sólo gobernaba la casa con magistral economía, sino que asesoraba a su pariente en los negocios difíciles, auxiliándole con sus luces y su experiencia para el préstamo. Ella defendiendo el céntimo en casa para que no se fuera a la calle, y él barriendo para adentro a fin de traer todo lo que pasara, formaron un matrimonio sin desperdicio, pareja que podría servir de modelo a cuantas hormigas hay debajo de la tierra y encima de ella.

Estuvo Torquemada el *Peor,* los primeros días de su viudez, sin saber lo que le pasaba, dudando que pudiera sobrevivir a su cara mitad. Púsose más amarillo de lo que comúnmente estaba, y le salieron algunas canas en el pelo y en la perilla. Pero el tiempo cumplió como suele cumplir siempre, endulzando lo amargo, limando con insensible diente las asperezas de la vida, y aunque el recuerdo de su esposa no se extinguió en el alma del usurero, el dolor hubo de calmarse; los días fueron perdiendo lentamente su fúnebre tristeza; despejóse el sol del alma, iluminando de nuevo las variadas combinaciones numéricas que en ella había; los negocios distrajeron al aburrido negociante, y a los dos años Torquemada parecía consolado; pero, entiéndase bien y repítase en honor suyo, sin malditas ganas de volver a casarse.

Dos hijos le quedaron: Rufinita, cuyo nombre no es nuevo para mis amigos, y Valentinito, que ahora sale por primera vez. Entre la edad de uno y otro hallamos diez años de diferencia, pues a mi doña Silvia se le malograron más o menos prematuramente todas las crías intermedias, quedándole sólo la primera y la última. En la época en que cae lo que voy a referir, Rufinita había cumplido los veintidós, y Valentín andaba al ras de los doce. Y para que se vea la buena estrella de aquel animal de D. Francisco, sus dos hijos eran, cada cual por su estilo, verdaderas joyas, o como bendiciones de Dios que llovían sobre él para consolarle en su soledad. Rufina había sacado todas las capacidades domésticas de su madre, y gobernaba el hogar casi tan bien como ella. Claro que no tenía el alto tino de los negocios, ni la consumada trastienda, ni el golpe de vista, ni otras aptitudes entre morales y olfativas de aquella insigne matrona; pero en formalidad, en honesta compostura y buen parecer, ninguna chica de su edad le echaba el pie adelante. No era presumida, ni tampoco descuidada en su persona; no se la podía tachar de desenvuelta ni tampoco de huraña. Coqueterías, jamás en ella se conocieron. Un solo novio tuvo desde la edad en que apunta el querer hasta los días en que la presento; el cual, después de mucho rondar y suspiretear, mostrando por mil medios la rectitud de sus fines, fue admitido en la casa en los últimos tiempos de doña Silvia, y siguió después, con asentimiento del papá, en la misma honrada y amorosa costumbre. Era un *chico de medicina,* chico en toda la extensión de la palabra, pues levantaba del suelo lo menos que puede levantar un hombre, estudiosillo, inocente, bonísimo y manchego por más señas. Desde el cuarto año empezaron aquellas castas relaciones, y en los días de este relato, concluída ya la carrera y lanzado Quevedito (que así se llamaba) a la práctica de la facultad, tocaban ya a casarse. Satisfecho el *Peor* de la elección de la niña, alabada su discreción, su desprecio de las vanas apariencias, para atender sólo a lo sólido y práctico.

Pues digo, si de Rufina volvemos los ojos al tierno vástago de Torquemada, encontraremos mejor explicación de la vanidad que le infundía su prole, porque (lo digo sinceramente) no he conocido criatura más mona que aquel Valentín, ni precocidad tan extraordinaria como la suya. ¡Cosa más rara! No obstante el parecido con su antipático papá, era el chiquillo guapísimo, con tal expresión de inteligencia en aquella cara, que se quedaba uno embobado mirándole; con tales encantos en su persona y carácter, y rasgos de conducta tan superiores a su edad, que verle, hablarle y quererle vivamente era todo uno. ¡Y qué hechicera gravedad la suya, no incompatible con la inquietud propia de la infancia! ¡Qué gracia mezclada de no sé qué aplomo inexplicable a sus años! ¡Qué rayo divino en sus ojos algunas veces, y otras qué misteriosa y dulce tristeza! Espigadillo de cuerpo, tenía las piernas delgadas, pero de buena forma; la cabeza más grande de lo regular, con alguna deformidad en el cráneo. En cuanto a su aptitud para el estudio, llamémosla verdadero prodigio, asombro de la escuela, y orgullo y gala de los maestros. De esto hablaré más adelante. Sólo he de afirmar ahora que el *Peor* no merecía tal joya, ¡qué había de merecerla!, y que si fuese hombre capaz de alabar a Dios por los bienes con que le agraciaba, motivos tenía el muy tuno para estarse, como Moisés, tantísimas horas con los brazos levantados al cielo [6]. No los levantaba, porque sabía que del cielo no había de caerle ninguna breva de las que a él le gustaban.

II

Vamos a otra cosa: Torquemada no era de esos usureros que se pasan la vida multiplicando caudales por el gustazo platónico de poseerlos; que viven sórdidamente para no gastarlos, y al morirse, quisieran, o bien llevárselos consigo a la tierra, o esconderlos donde alma viviente no los pueda encontrar. No; D. Francisco habría sido así en otra época; pero no pudo eximirse de la influencia de esta segunda mitad del siglo XIX, que casi ha hecho una religión de las materialidades decorosas de la existencia. Aquellos avaros de antiguo cuño, que afanaban riquezas y vivían como mendigos y se morían como perros en un camastro lleno de pulgas y de billetes de banco metidos entre la paja, eran los místicos o metafísicos de la usura; su egoísmo se sutilizaba en la idea pura del negocio; adoraban la santísima, la inefable cantidad, sacrificando a ella su material existencia, las necesidades del cuerpo y de la vida, como el místico lo pospone todo a la absorbente idea de salvarse. Viviendo el *Peor* en una época que arranca de la desamortización [7], sufrió, sin comprenderlo, la metamorfosis que ha desnaturalizado la usura metafísica, convirtiéndola en positivista; y si bien es cierto, como lo acredita la historia, que desde el 51 al 68, su verdadera época de aprendizaje, andaba muy mal trajeado y con afectación de pobreza, la cara y las manos sin lavar, rascándose a cada instante en brazos y piernas cual si llevase miseria, el sombrero con grasa, la capa deshilachada; si bien consta también en las crónicas de la vecindad que en su casa se comía de vigilia casi todo el año, y que la señora salía a sus negocios con una toquilla agujereada y unas botas viejas de su marido, no es menos cierto que, alrededor del 70, la casa estaba ya en otro pie; que mi doña Silvia se ponía muy maja en ciertos días; que D. Francisco se mudaba la camisa más de una vez por quincena; que en la comida había menos carnero que vaca, y los domingos se añadía al cocido un despojito de gallina; que aquello de judías a todo pasto y algunos días pan seco y salchicha cruda, fue pasando a la historia; que el estofado de contra apareció en determinadas fechas, por las noches, y también pescados, sobre todo en tiempo de blandura, que iban baratos; que se iniciaron en aquella mesa las chuletas de ternera y la cabeza de cerdo, salada en casa por el propio Torquemada, el cual era un famoso salador; que, en suma y para no cansar, la familia toda empezaba a tratarse como Dios manda.

Pues en los últimos años de doña Silvia, la transformación acentuóse más. Por aquella época cató la familia los colchones de muelles; Torquemada empezó a usar chistera de cincuenta reales; disfrutaba dos capas, una muy buena, con embozos colorados; los hijos iban bien apañaditos; Rufina tenía un lavabo de los de mírame y no me toques, con jofaina y jarro de cristal azul, que no usaba nunca por no estropearlo; doña Silvia se engalanó con un abrigo de pieles que parecían de conejo, y dejaba bizca a toda la calle de Tudescos y callejón del Perro cuando salía con la *visita* guarnecida de abalorio; en fin, que pasito a paso y a codazo limpio, se habían ido metiendo en la clase media, en nuestra bonachona clase media, toda necesidades y pretensiones, y que crece tanto, tanto, ¡ay dolor! que nos estamos quedando sin pueblo [8].

Pues señor: revienta doña Silvia, y empuñadas por Rufina las riendas del gobierno de la casa, la metamorfosis se marca mucho más. A reinados nuevos, principios nuevos. Comparando lo pequeño con lo grande y lo privado con lo público, diré que aquello se me parecía a la entrada de los liberales, con su poquito de sentido revolucionario en lo que hacen y dicen [9]. Torquemada representaba la idea conservadora, pero transigía, ¡pues no había que transigir!, doblegándose a la lógica de los tiempos. Apechugó con la camisa limpia cada media semana; con el abandono de la capa número dos para el día, relegándola al servicio nocturno; con el destierro absoluto del hongo número tres, que no podía ya con más sebo; aceptó, sin viva protesta, la renovación de manteles entre semana, el vino a pasto, el cordero con guisantes, en su tiempo, los pescados finos en Cuaresma y el pavo en Navidad; toleró la vajilla nueva para ciertos días, el chaquet con trencilla, que en él era un refinamiento de etiqueta, y no tuvo nada que decir de las modestas galas de Rufina y de su hermanito, ni de la alfombra del gabinete, ni de otros muchos progresos que se fueron metiendo en la casa a modo de contrabando.

Y vio muy pronto D. Francisco que aquellas novedades eran buenas y que su hija tenía mucho talento, porque... vamos, parecía cosa del otro jueves... echábase mi hombre a la calle y se sentía, con la buena ropa, más persona que antes; hasta le salían mejores negocios, más amigos útiles y explotables. Pisaba más fuerte, tosía más recio, hablaba más alto y atrevíase a levantar el gallo en la tertulia del café, notándose con bríos para sustentar una opinión cualquiera, cuando antes, por efecto sin duda del mal pelaje y de su rutinaria afectación de pobreza, siempre era de la opinión de los demás. Poco a poco llegó a advertir en sí los alientos propios de su capacidad social y financiera; se tocaba, y el sonido le advertía que era propietario y rentista. Pero la vanidad no le cegó nunca. Hombre de composición homogénea, compacta y dura, no podía incurrir en la tontería de estirar el pie más del largo de la sábana. En su carácter había algo resistente a las mudanzas de forma impuestas por la época, y así como no varió nunca su manera de hablar, tampoco ciertas ideas y prácticas del oficio se modificaron. Prevaleció el amaneramiento de decir siempre que los tiempos eran muy malos, pero muy malos; el lamentarse de la desproporción entre sus míseras ganancias y su mucho trabajar; subsistió aquella melosidad de dicción y aquella costumbre de preguntar por la familia siempre que saludaba a alguien, y el decir que no andaba bien de salud, haciendo un mohín de hastío de la vida. Tenía ya la perilla amarillenta, el bigote más negro que blanco, ambos adornos de la cara tan recortaditos, que antes parecían pegados que nacidos allí. Fuera de la ropa, mejorada en calidad, si no en la manera de llevarla, era el mismo que conocimos en casa de doña Lupe *la de los pavos* [10]; en su cara la propia confusión extraña de lo militar y lo eclesiástico, el color bilioso, los ojos negros y algo soñadores, el gesto y los modales expresando lo mismo afeminación que hipocresía, la calva más despoblada y más limpia, y todo él craso, resbaladizo y repulsivo, muy pronto siempre, cuando se le saluda, a dar la mano, por cierto bastante sudada.

De la precoz inteligencia de Valentinito estaba tan orgulloso, que no cabía en su pellejo. A medida que el chico avanzaba en sus estudios, don Francisco sentía crecer el amor paterno, hasta llegar a la ciega pasión. En honor del tacaño, debe decirse que, si se conceptuaba reproducido físicamente en aquel pedazo de su propia naturaleza, sentía la superioridad del hijo, y por esto se congratulaba más de haberle dado el ser. Porque Valentinito era el prodigio de los prodigios, un girón excelso de la Divinidad caído en la tierra. Y Torquemada, pensando en el porvenir, en lo que su hijo había de ser, si viviera, no se conceptuaba digno de haberle engendrado, y sentía ante él la ingénita cortedad de lo que es materia frente a lo que es espíritu.

En lo que digo de las inauditas dotes intelectuales de aquella criatura, no se crea que hay la más mínima exageración. Afirmo con toda ingenuidad que el chico era de lo más estupendo que se puede ver, y que se presentó en el campo de la enseñanza como esos extraordinarios ingenios que nacen de tarde en tarde destinados a abrir nuevos caminos a la humanidad. A más de la inteligencia, que en edad temprana despuntaba en él como aurora de un día espléndido, poseía todos los encantos de la infancia: dulzura, gracejo y amabilidad. El chiquillo, en suma, enamoraba, y no es de extrañar que D. Francisco y su hija estuvieran loquitos con él. Pasados los primeros años, no fue preciso castigarle nunca, ni aun siquiera reprenderle. Aprendió a leer por arte milagroso, en pocos días, como si lo trajera sabido ya del claustro materno. A los cinco años, sabía muchas cosas que otros chicos aprenden difícilmente a los doce. Un día me hablaron de él dos profesores amigos míos que tienen colegio de primera y segunda enseñanza; lleváronme a verle, y me quedé asombrado. Jamás vi precocidad semejante, ni un apuntar de inteligencia tan maravilloso. Porque si algunas respuestas las endilgó de taravilla, demostrando el vigor y riqueza de su memoria, en el tono con que decía otras se echaba de ver cómo comprendía y apreciaba el sentido.

La gramática la sabía de carretilla, pero la geografía la dominaba como un hombre. Fuera del terreno escolar, pasmaba ver la seguridad de sus respuestas y observaciones, sin asomos de arrogancia pueril. Tímido y discreto, no parecía comprender que hubiese mérito en las habilidades que lucía, y se asombraba de que se las ponderasen y aplaudiesen tanto. Contáronme que en su casa daba muy poco que hacer. Estudiaba las lecciones con tal rapidez y facilidad, que le sobraba tiempo para sus juegos, siempre muy sosos e inocentes. No le hablaran a él de bajar a la calle para enredar con los chiquillos de la vecindad [11]. Sus travesuras eran pacíficas, y consistieron, hasta los cinco años, en llenar de monigotes y letras el papel de las habitaciones o arrancarle algún cacho, en echar desde el balcón a la calle una cuerda muy larga con la tapa de una cafetera, arriándola hasta tocar el sombrero de un transeúnte, y recogiéndola después a toda prisa. A obediente y humilde no le ganaba ningún niño, y por tener todas las perfecciones, hasta maltrataba la ropa lo menos que maltratarse puede.

Pero sus inauditas facultades no se habían mostrado todavía: iniciáronse cuando estudió la aritmética, y se revelaron más adelante en la segunda enseñanza. Ya desde sus primeros años, al recibir las nociones elementales de la ciencia de la cantidad, sumaba y restaba de memoria decenas altas y aun centenas. Calculaba con tino infalible, y su padre mismo, que era un águila para hacer, en el filo de la imaginación, cuentas por la regla de interés, le consultaba no pocas veces. Comenzar Valentín el estudio de las matemáticas de Instituto y revelar de golpe toda la grandeza de su numen aritmético, fue todo uno. No aprendía las cosas, las sabía ya, y el libro no hacía más que despertar las ideas, abrírselas, digámoslo así, como si fueran capullos que al calor primaveral se despliegan en flores. Para él no había nada difícil, ni problema que le causara miedo. Un día fue el profesor a su padre y le dijo: «Ese niño es cosa inexplicable, Sr. Torquemada: o tiene el diablo en el cuerpo, o es el pedazo de Divinidad más hermoso que ha caído en la tierra. Dentro de poco no tendré nada que enseñarle. Es Newton resucitado, Sr. D. Francisco; una organización excepcional para las matemáticas, un genio que sin duda se trae fórmulas nuevas debajo del brazo para ensanchar el campo de la ciencia. Acuérdese usted de lo que digo: cuando este chico sea hombre, asombrará y trastornará el mundo».

Cómo se quedó Torquemada al oír esto, se comprenderá fácilmente. Abrazó al profesor, y la satisfacción le rebosaba por ojos y boca en forma de lágrimas y babas. Desde aquel día, el hombre no cabía en sí: trataba a su hijo no ya con amor, sino con cierto respeto supersticioso. Cuidaba de él como de un ser sobrenatural, puesto en sus manos por especial privilegio. Vigilaba sus comidas, asustándose mucho si no mostraba apetito; al verle estudiando, recorría las ventanas para que no entrase aire; se enteraba de la temperatura exterior antes de dejarle salir, para determinar si debía ponerse bufanda, o el *carrik* gordo, o las botas de agua; cuando dormía, andaba de puntillas; le llevaba a paseo los domingos, o al teatro; y si el angelito hubiese mostrado afición a juguetes extraños y costosos, Torquemada, vencida su sordidez, se los hubiera comprado.

Pero el fenómeno aquel no mostraba afición sino a los libros: leía rápidamente y como por magia, enterándose de cada página en un abrir y cerrar de ojos. Su papá le compró una obra de viajes con mucha estampa de ciudades europeas y de comarcas salvajes. La seriedad del chico pasmaba a todos los amigos de la casa, y no faltó quien dijera de él que parecía un viejo. En cosas de malicia era de una pureza excepcional; no aprendía ningún dicho ni acto feo de los que saben a su edad los retoños desvergonzados de la presente generación. Su inocencia y celestial donosura casi nos permitían conocer a los ángeles como si los hubiéramos tratado, y su reflexión rayaba en lo maravilloso. Otros niños, cuando les preguntan lo que quieren ser, responden que obispos o generales si despuntan por la vanidad; los que pican por la destreza corporal, dicen que cocheros, atletas o payasos de circo; los inclinados a la imitación, actores, pintores... Valentinito, al oir la pregunta, alzaba los hombros y no respondía nada. Cuando más, decía «no sé»; y al decirlo, clavaba en su interlocutor una mirada luminosa y penetrante, vago destello del sin fin de ideas que tenía en aquel cerebrazo, y que en su día habían de iluminar toda la tierra.

Mas el *Peor,* aun reconociendo que no había carrera a la altura de su milagroso niño, pensaba dedicarlo a ingeniero, porque la abogacía es cosa de charlatanes. Ingeniero; pero ¿de qué?, ¿civil o militar? Pronto notó que a Valentín no le entusiasmaba la tropa, y que, contra la ley general de las aficiones infantiles, veía con indiferencia los uniformes. Pues ingeniero de caminos. Por dictamen del profesor del colegio, fue puesto Valentín, antes de concluir los años del bachillerato, en manos de un profesor de estudios preparatorios para carreras especiales, el cual, luego que tanteó su colosal inteligencia, quedóse atónito, y un día salió asustado, con las manos en la cabeza, y corriendo en busca de otros maestros de matemáticas superiores, les dijo: «Voy a presentarles a ustedes al monstruo de la edad presente»; y le presentó, y se maravillaron, pues fue el chico a la pizarra, y como quien garabatea por enredar y gastar tiza, resolvió problemas dificilísimos. Luego hizo de memoria diferentes cálculos y operaciones, que aun para los más peritos no son coser y cantar. Uno de aquellos maestrazos, queriendo apurarle, le echó el cálculo de radicales numéricos, y como si le hubieran echado almendras. Lo mismo era para él la raíz *enésima* que para otros dar un par de brincos. Los tíos aquellos tan sabios se miraban absortos, declarando no haber visto caso ni remotamente parecido.

Era en verdad interesante aquel cuadro, y digno de figurar en los anales de la ciencia: cuatro varones de más de cincuenta años, calvos y medio ciegos de tanto estudiar, maestros de maestros, congregábanse delante de aquel mocoso que tenía que hacer sus cálculos en la parte baja del encerado, y la admiración les tenía mudos y perplejos, pues ya le podían echar dificultades al angelito, que se las bebía como agua. Otro de los examinadores propuso las *homologías,* creyendo que Valentín estaba raso de ellas; y cuando vieron que no, los tales no pudieron contener su entusiasmo: uno le llamó el Anticristo; otro le cogió en brazos y se lo puso a la pela, y todos se disputaban sobre quién se le llevaría, ansiosos de completar la educación del primer matemático del siglo. Valentín les miraba sin orgullo ni cortedad, inocente y dueño de sí, como Cristo niño entre los doctores [12].

III

Basta de matemáticas, digo yo ahora, pues me urge apuntar que Torquemada vivía en la misma casa de la calle de Tudescos donde le conocimos, cuando fue a verle la de Bringas para pedirle no recuerdo qué favor, allá por el 68 [13]; y tengo prisa por presentar a cierto sujeto que conozco hace tiempo, y que hasta ahora nunca menté para nada: un don José Bailón [14], que iba todas las noches a la casa de nuestro D. Francisco a jugar con él la partida de damas o de mus, y cuya intervención en mi cuento es necesaria ya para que se desarrolle con lógica. Este Sr. Bailón es un clérigo que ahorcó los hábitos el 69, en Málaga, echándose a revolucionario y a librecultista con tan furibundo ardor, que ya no pudo volver al rebaño, ni aunque quisiera le habían de admitir. Lo primero que hizo el condenado fue dejarse crecer las barbas, despotricarse en los clubs, escribir tremendas catilinarias contra los de su oficio [15], y por fin, operando *verbo et gladio*, se lanzó a las barricadas con un trabuco naranjero que tenía la boca lo mismo que una trompeta. Vencido y dado a los demonios, le catequizaron los protestantes, ajustándole para predicar y dar lecciones en la capilla, lo que él hacía de malísima gana y sólo por el arrastrado garbanzo [16]. A Madrid vino cuando aquella gentil pareja, D. Horacio y doña Malvina, puso su establecimiento evangélico en Chamberí [17]. Por un regular estipendio, Bailón les ayudaba en los oficios, echando unos sermones agridulces, estrafalarios y fastidiosos. Pero al año de estos tratos, yo no sé lo que pasó... ello fue cosa de algún atrevimiento apostólico de Bailón con las neófitas: lo cierto es que doña Malvina, que era persona muy mirada, le dijo en mal español cuatro frescas; intervino D. Horacio, denostando también a su coadjutor, y entonces Bailón, que era hombre de muchísima sal para tales casos [18], sacó una navaja tamaña como hoy y mañana, y se dejó decir que si no se quitaban de delante les echaba fuera el mondongo. Fue tal el pánico de los pobres ingleses, que echaron a correr pegando gritos y no pararon hasta el tejado. Resumen: que tuvo que abandonar Bailón aquel acomodo, y después de rodar por ahí dando sablazos, fue a parar a la redacción de un periódico muy atrevidillo; como que su misión era echar chinitas de fuego a toda autoridad, a los curas, a los obispos y al mismo Papa. Esto ocurría el 73, y de aquella época datan los opúsculos políticos de actualidad que publicó el clerizonte en el folletín, y de los cuales hizo tiraditas aparte; bobadas escritas en estilo bíblico, y que tuvieron, aunque parezca mentira, sus días de éxito. Como que se vendían bien, y sacaron a su endiablado autor de más de un apuro.

Pero todo aquello pasó, la fiebre revolucionaria, los folletos, y Bailón tuvo que esconderse, afeitándose para disfrazarse y poder huir al extranjero. A los dos años asomó por aquí otra vez, de bigotes larguísimos, aumentados con parte de la barba, como los que gastaba Víctor Manuel [19], y por si traía o no traía chismes y mensajes de los emigrados, metiéronle mano y le tuvieron en el Saladero tres meses [20]. Al año siguiente, sobreseída la causa, vivía el hombre en Chamberí, y según la cháchara del barrio, muy a lo bíblico, amancebado con una viuda rica que tenía rebaño de cabras, y además un establecimiento de burras de leche. Cuento todo esto como me lo contaron, reconociendo que en esta parte de la historia patriarcal de Bailón hay gran oscuridad. Lo público y notorio es que la viuda aquella cascó, y que Bailón apareció al poco tiempo con dinero. El establecimiento y las burras y cabras le pertenecían. Arrendólo todo; se fue a vivir al centro de Madrid, dedicándose a *inglés*, y no necesito decir más para que se comprenda de dónde vinieron su conocimiento y trato con Torquemada, porque bien se ve que éste fue su maestro, le inició en los misterios del oficio, y le manejó parte de sus capitales como había manejado los de Doña Lupe *la Magnífica*, más conocida por *la de los pavos*.

Era D. José Bailón un animalote de gran alzada, atlético, de formas robustas y muy recalcado de facciones, verdadero y vivo estudio anatómico por su riqueza muscular. Ultimamente había dado otra vez en afeitarse; pero no tenía cara de cura, ni de fraile, ni de torero. Era más bien un Dante echado a perder [21]. Dice un amigo mío, que por sus pecados ha tenido que vérselas con Bailón, que éste es el vivo retrato de la sibila de Cumas, pintada por Miguel Angel, con las demás señoras sibilas y los Profetas, en el maravilloso techo de la Capilla

Sixtina ². Parece, en efecto, una vieja de raza titánica que lleva en su ceño todas las iras celestiales. El perfil de Bailón, y el brazo y pierna, como troncos añosos; el forzudo tórax y las posturas que sabía tomar, alzando una pataza y enarcando el brazo, le asemejaban a esos figurones que andan por los techos de las catedrales, espatarrados sobre una nube. Lástima que no fuera moda que anduviéramos en cueros, para que luciese en toda su gallardía académica este ángel de cornisa. En la época en que le presento ahora, pasaba de los cincuenta años.

Torquemada le estimaba mucho, porque en sus relaciones de negocios, Bailón hacía gala de gran formalidad y aun de delicadeza. Y como el clérigo renegado tenía una historia tan variadita y dramática, y sabía contarla con mucho aquél ²³, adornándola con mentiras, D. Francisco se embelesaba oyéndole, y en todas las cuestiones de un orden elevado le tenía por oráculo. D. José era de los que con cuatro ideas y pocas más palabras se las componen para aparentar que saben lo que ignoran y deslumbrar a los ignorantes sin malicia. El más deslumbrado era D. Francisco, y además el único mortal que leía los folletos bailónicos a los diez años de publicarse; literatura envejecida casi al nacer, y cuyo fugaz éxito no comprendemos sino recordando que la democracia sentimental, a estilo de Jeremías, tuvo también sus quince ²⁴.

Escribía Bailón aquellas necedades en parrafitos cortos, y a veces rompía con una cosa muy santa, verbigracia: «Gloria a Dios en las alturas y paz», etc., para salir luego por este registro ²⁵:

«Los tiempos se acercan, tiempos de redención en que el hijo del Hombre será dueño de la tierra.

»El Verbo depositó hace diez y ocho siglos la semilla divina. En noche tenebrosa fructificó. He aquí las flores.

»¿Cómo se llaman? Los derechos del pueblo».

Y a lo mejor, cuando el lector estaba más descuidado, le soltaba ésta: «He ahí al tirano. ¡Maldito sea!

»Aplicad el oído y decidme de dónde viene ese rumor vago, confuso, extraño.

»Posad la mano en la tierra y decidme por qué se ha estremecido.

»Es el hijo del Hombre que avanza, decidido a recobrar su primogenitura.

»¿Por qué palidece la faz del tirano? ¡Ah!, el tirano ve que sus horas están contadas...»

Otras veces empezaba diciendo aquello de: «Joven soldado, ¿a dónde vas?» Y por fin, después de mucho marear, quedábase el lector sin saber a dónde iba el soldadito, como no fueran todos, autor y público, a Leganés.

Todo esto le parecía de perlas a D. Francisco, hombre de escasa lectura. Algunas tardes se iban a pasear juntos los dos tacaños, charla que te charla; y si en negocios era Torquemada la sibila, en otra clase de conocimientos no había más sibila que el señor de Bailón. En política, sobre todo, el ex-clérigo se las echaba de muy entendido, principiando por decir que ya no le daba la gana de conspirar; como que tenía la olla asegurada y no quería exponer su pelleja para hacer el caldo gordo a cuatro silbantes [26]. Luego pintaba a todos los políticos, desde el más alto al más oscuro, como un atajo de pilletes, y les sacaba la cuenta, al céntimo, de cuanto habían rapiñado... Platicaban mucho también de reformas urbanas, y como Bailón había estado en París y Londres, podía comparar. La higiene pública les preocupaba a entrambos: el clérigo le echaba la culpa de todo a los miasmas, y formulaba unas teorías biológicas que eran lo que había que oir. De astronomía y música también se le alcanzaba algo; no era lego en botánica, ni en veterinaria, ni en el arte de escoger melones. Pero en nada lucía tanto su enciclopédico saber como en cosas de religión [27]. Sus meditaciones y estudios le habían permitido sondear el grande y temeroso problema de nuestro destino total. «¿A dónde vamos a parar cuando nos morimos? Pues volvemos a nacer: esto es claro como el agua. Yo me acuerdo —decía mirando fijamente a su amigo y turbándole con el tono solemne que daba a sus palabras—, yo me acuerdo de haber vivido antes de ahora. He tenido en mi mocedad un recuerdo vago de aquella vida, y ahora, a fuerza de meditar, puedo verla clara. Yo fui sacerdote en Egipto, ¿se entera usted?, allá por los años de qué sé yo cuántos... sí, señor, sacerdote en Egipto. Me parece que me estoy viendo con una sotana o vestimenta de color de azafrán, y unas al modo de orejeras que me caían por los lados de la cara. Me quemaron vivo, porque... verá usted... había en aquella iglesia, digo, templo, una sacerdotisita que me gustaba... de lo más barbián, ¿se entera usted?... ¡y con unos ojos... así, y un golpe de caderas, señor D. Francisco...! En fin, que aquello se enredó, y la diosa Isis y el buey Apis lo llevaron muy a mal [28]. Alborotóse todo aquel cleriguicio, y nos quemaron vivos a la chavala y a mí... Lo que cuento es verdad, como ése es sol. Fíjese usted bien, amigo; revuelva en su memoria; rebusque bien en el sótano y en los desvanes de su ser, y encontrará la certeza de que también usted ha vivido en tiempos lejanos. Su niño de usted, ese prodigio, debe de haber sido antes el propio Newton, o Galileo, o Euclides. Y por lo que hace a otras cosas, mis ideas son bien claras. Infierno y Cielo no existen: papas simbólicas y nada más. Infierno y Cielo están aquí. Aquí pagamos tarde o temprano todas las que hemos hecho; aquí recibimos, si no hoy, mañana, nuestro premio, si lo merecemos, y quien dice mañana dice el siglo que viene... Dios, ¡oh! la idea de Dios tiene mucho busilis... y para comprenderla hay que devanarse los sesos, como me los he devanado yo, dale que dale sobre los libros, y meditando luego. Pues Dios... (poniendo unos ojazos muy reventones y haciendo con ambas manos el gesto expresivo de abarcar un gran espacio) es la Humanidad, la Humanidad, ¿se entera usted?, lo cual no quiere decir que deje de ser personal... ¿Qué cosa es personal? Fíjese bien. Personal es lo que es uno. Y el gran Conjunto, amigo D. Francisco, el gran Conjunto... es uno, porque no hay más, y tiene los atributos de un ser infinitamente infinito. Nosotros, en montón, componemos la Humanidad; somos los átomos que forman el gran todo, somos parte mínima de Dios, parte minúscula, y nos renovamos como en nuestro cuerpo se renuevan los átomos de la cochina materia... ¿se va usted enterando?...»

Torquemada no se iba enterando ni poco ni mucho; pero el otro se metía en un laberinto del cual no salía sino callándose. Lo único que D. Francisco sacaba de toda aquella monserga era que *Dios es la Humanidad* y que la Humanidad es la que nos hace pagar nuestras picardías o nos premia por nuestras buenas obras. Lo demás no lo entendía así le ahorcaran. El sentimiento católico de Torquemada no había sido nunca muy vivo. Cierto que en tiempos de doña Silvia iban los dos a misa, por rutina; pero nada más. Pues después de viudo, las pocas ideas del catecismo que el *Peor* conservaba en su mente, como papeles o apuntes inútiles, las barajó con todo aquel fárrago de la Humanidad-Dios, haciendo un lío de mil demonios.

A decir verdad, ninguna de esas teologías ocupaba largo tiempo el magín del tacaño, siempre atento a la baja realidad de sus negocios. Pero llegó un día, mejor dicho, una noche en que tales ideas hubieron de posesionarse de su mente con cierta tenacidad, por lo que ahorita mismo voy a referir. Entraba mi hombre en su casa al caer de una tarde del mes de Febrero, evacuadas mil diligencias con diverso éxito, discurriendo los pasos que daría al día siguiente, cuando su hija, que le abrió la puerta, le dijo estas palabras:

—No te asustes, papá, no es nada... Valentín ha venido malo de la escuela.

Las desazones del *monstruo* ponían a D. Francisco en gran sobresalto. La que se le anunciaba podía ser insignificante, como otras. No obstante, en la voz de Rufina había cierto temblor, una veladura, un timbre extraño, que dejaron a Torquemada frío y suspenso.

—Yo creo que no es cosa mayor —prosiguió la señorita—. Parece que le dio un vahído. El maestro fue quien le trajo... en brazos.

El *Peor* seguía clavado en el recibimiento, sin acertar a decir nada ni a dar un paso.

—Le acosté en seguida, y mandé un recado a Quevedo para que viniera a escape.

Don Francisco, saliendo de su estupor como si le hubiesen dado un latigazo, corrió al cuarto del chico, a quien vio en el lecho, con tanto abrigo encima que parecía sofocado. Tenía la cara encendida, los ojos dormilones. Su quietud más era de modorra dolorosa que de sueño tranquilo. El padre aplicó su mano a las sienes del inocente monstruo, que abrasaban.

—Pero ese trasto de Quevedillo... Así reventara...[29] No sé en qué piensa... Mira, mejor será llamar otro médico que sepa más.

Su hija procuraba tranquilizarle; pero él se resistía al consuelo. Aquel hijo no era un hijo cualquiera, y no podía enfermar sin que se alterara el orden del universo. No probó el afligido padre la comida: no hacía más que dar vueltas por la casa, esperando al maldito médico, y sin cesar iba de su cuarto al del niño, y de aquí al comedor, donde se le presentaba ante los ojos, oprimiéndole el corazón, el encerado en que Valentín trazaba con tiza sus problemas matemáticos. Aún subsistía lo pintado por la mañana, garabatos que Torquemada no entendió, pero que casi le hicieron llorar como una música triste; el signo de raíz, letras por arriba y por abajo, y en otra parte una red de líneas, formando como estrella de muchos picos con numeritos en las puntas.

Por fin, alabado sea Dios, llegó el dichoso Quevedito, y D. Francisco le echó la correspondiente chillería, pues ya le trataba como a yerno.

Visto y examinado el niño, no puso el médico muy buena cara. A Torquemada se le podía ahogar con un cabello, cuando el doctorcillo, arrimándole contra la pared y poniéndole ambas manos en los hombros, le dijo:

—No me gusta nada esto; pero hay que esperar a mañana, a ver si brota alguna erupción. La fiebre es bastante alta. Ya le he dicho a usted que tuviera mucho cuidado con este fenómeno de chico. ¡Tanto estudiar, tanto saber, un desarrollo cerebral disparatado! Lo que hay que hacer con Valentín es ponerle un cencerro al pescuezo, soltarle en el campo en medio de un ganado, y no traerle a Madrid hasta que esté bien bruto.

Torquemada odiaba el campo y no podía comprender que en él hubiese nada bueno. Pero hizo propósito, si el niño se curaba, de llevarle a una dehesa a que bebiera leche a pasto y respirase aires puros. Los aires puros, bien lo decía Bailón, eran cosa muy buena. ¡Ah!, los malditos miasmas tenían la culpa de lo que estaba pasando. Tanta rabia sintió D. Francisco, que si coge un miasma en aquel momento lo parte por el eje. Fue la sibila aquella noche a pasar un rato con su amigo, y mira por dónde se repitió la matraca de la Humanidad, pareciéndole a Torquemada el clérigo más enigmático y *latero* que nunca, sus brazos más largos, su cara más dura y temerosa. Al quedarse solo, el usurero no se acostó. Puesto que Rufina y Quevedo se quedaban a velar, él también velaría. Contigua a la alcoba del padre estaba la de los hijos, y en ésta el lecho de Valentín, que pasó la noche inquietísimo, sofocado, echando lumbre de su piel, los ojos atónitos y chispeantes, el habla insegura, las ideas desenhebradas, como cuentas de un rosario cuyo hilo se rompe.

IV

El día siguiente fue todo sobresalto y amargura. Quevedo opinó que la enfermedad era *inflamación de las meninges,* y que el chico estaba en peligro de muerte. Esto no se lo dijo al padre, sino a Bailón, para que le fuese preparando. Torquemada y él se encerraron, y de la conferencia resultó que por poco se pegan, pues D. Francisco, trastornado por el dolor, llamó a su amigo embustero y farsante. El desasosiego, la inquietud nerviosa, el desvarío del tacaño sin ventura, no se pueden describir. Tuvo que salir a varias diligencias de su penoso oficio, y a cada instante tornaba a casa, jadeante, con medio palmo de lengua fuera, el hongo echado hacia atrás. Entraba, daba un vistazo, vuelta a salir. El mismo traía las medicinas, y en la botica contaba toda la historia... «un vahído estando en clase; después calentura horrible... ¿para qué diablos sirven los médicos?» Por consejo del mismo Quevedito, mandó venir a uno de los más eminentes, el cual calificó el caso de *meningitis aguda.*

La noche del segundo día, Torquemada, rendido de cansancio, se embutió en uno de los sillones de la sala, y allí estuvo como media horita, dando vueltas a una pícara idea, ¡ay!, dura y con muchas esquinas, que se le había metido en el cerebro. «He faltado a la Humanidad, y ésa muy tal y cual me las cobra ahora con los réditos atrasados...[30] No: ¡pues si Dios, o quien quiera que sea, me lleva a mi hijo, me voy a volver más malo, más perro...! Ya verán entonces lo que es canela fina[31]. Pues no faltaba otra cosa... Conmigo no juegan... Pero no, ¡qué disparates digo! No me le quitará, porque yo... Eso que dicen de que no he hecho bien a nadie es mentira. Que me lo prueben... porque no basta decirlo. ¿Y los tantísimos a quienes he sacado de apuros?... ¿Pues y eso? Porque si a la Humanidad le han ido con cuentos de mí, que si aprieto, que si no aprieto... yo probaré... Ea, que ya me voy cargando; si no he hecho ningún bien, ahora lo haré, ahora, pues por algo se ha dicho que nunca para el bien es tarde. Vamos a ver: ¿y si yo me pusiera ahora a rezar, qué dirían allá arriba? Bailón me parece a mí

que está equivocado, y la Humanidad no debe de ser Dios, sino la
Virgen... Claro, es hembra, señora... No, no, no... no nos fijemos en
el materialismo de la palabra. La Humanidad es Dios, la Virgen y todos
los santos juntos... Tente, hombre, tente, que te vuelves loco... Tan
sólo saco en limpio que no habiendo buenas obras, todo es, como si
dijéramos, basura... ¡Ay, Dios, qué pena, qué pena...! Si me pones
bueno a mi hijo, no sé yo qué cosas haría; ¡pero qué cosas tan magní-
ficas y tan...! ¿Pero quién es el sinvergüenza que dice que no tengo
apuntada ninguna buena obra? Es que me quieren perder, me quieren
quitar a mi hijo, al que ha nacido para enseñar a todos los sabios y
dejarles tamañitos. Y me tienen envidia porque soy su padre, porque
de estos huesos y de esta sangre salió aquella gloria del mundo... Envidia: pero ¡qué envidiosa es esta puerca Humanidad! Digo, la Humanidad no, porque es Dios... los hombres, los prójimos, nosotros, que somos
todos muy pillos, y por eso nos pasa lo que nos pasa... Bien merecido
nos está... bien merecido nos está...»

Acordóse entonces de que al día siguiente era domingo y no había
extendido los recibos para cobrar los alquileres de su casa. Después de
dedicar a esta operación una media hora, descansó algunos ratos, estirán-
dose en el sofá de la sala. Por la mañana, entre nueve y diez, fue a la
cobranza dominguera. Con el no comer y el maldormir y la acerbísima
pena que le destrozaba el alma, estaba el hombre *mismamente* del color
de una aceituna. Su andar era vacilante, y sus miradas vagaban inciertas,
perdidas, tan pronto barriendo el suelo como disparándose a las alturas.
Cuando el remendón, que en el sucio portal tenía su taller, vio entrar
al casero y reparó en su cara descompuesta y en aquel andar de beodo,
asustóse tanto que se le cayó el martillo con que clavaba las tachuelas.
La presencia de Torquemada en el patio, que todos los domingos era
una desagradabilísima aparición, produjo aquel día verdadero pánico;
y mientras algunas mujeres corrieron a refugiarse en sus respectivos
aposentos, otras, que debían de ser malas pagadoras, y que observaron
la cara que traía la fiera, se fueron a la calle. La cobranza empezó por
los cuartos bajos, y pagaron sin chistar el albañil y las dos pitilleras,
deseando que se les quitase de delante la aborrecida estampa de don
Francisco. Algo desusado y anormal notaron en él, pues tomaba el dinero
maquinalmente y sin examinarlo con roñosa nimiedad, como otras veces,
cual si tuviera el pensamiento a cien leguas del acto importantísimo

que estaba realizando; no se le oían aquellos refunfuños de perro mordelón, ni inspeccionó las habitaciones buscando el baldosín roto o el pedazo
de revoco caído, para echar los tiempos a la inquilina [32].

Al llegar al cuarto de la Rumalda [33], planchadora, viuda, con su
madre enferma en un camastro y tres niños menores que andaban en
el patio enseñando las carnes por los agujeros de la ropa, Torquemada
soltó el gruñido de ordenanza, y la pobre mujer, con afligida y trémula
voz, cual si tuviera que confesar ante el juez un negro delito, soltó
la frase de reglamento:

—D. Francisco, por hoy no se puede. Otro día cumpliré.

No puedo dar idea del estupor de aquella mujer y de las dos vecinas, que presentes estaban, cuando vieron que el tacaño no escupió
por aquella boca ninguna maldición ni herejía, cuando le oyeron decir
con la voz más empañada y llorosa del mundo:

—No, hija, si no te digo nada... si no te apuro... si no se me ha
pasado por la cabeza reñirte... ¡Qué le hemos de hacer, si no puedes...!

—Don Francisco, es que... —murmuró la otra, creyendo que la
fiera se expresaba con sarcasmo, y que tras el sarcasmo vendría la
mordida.

—No, hija, si no he chistado... ¿Cómo se han de decir las cosas?
Es que a ustedes no hay quien las apee de que yo soy un hombre,
como quien dice, tirano... ¿De dónde sacáis que no hay en mí compasión, ni... ni caridad? En vez de agradecerme lo que hago por vosotras,
me calumniáis... No; no; entendámonos. Tú, Rumalda, estáte tranquila: sé que tienes necesidades, que los tiempos están malos... Cuando
los tiempos están malos, hijas, ¿qué hemos de hacer sino ayudarnos
los unos a los otros?

Siguió adelante, y en el principal dio con una inquilina muy mal
pagadora, pero de muchísimo corazón para afrontar a la fiera; y así
que le vio llegar, juzgando por el cariz que venía más enfurruñado
que nunca, salió al encuentro de su aspereza con estas arrogantes
expresiones:

—Oiga usté, a mí no me venga con apreturas. Ya sabe que no lo
hay. *Ese* está sin trabajo. ¿Quiere que salga a un camino? ¿No ve la
casa sin muebles, como un hespital prestao? [34] ¿De dónde quiere que
lo saque?... Maldita sea su alma...

—¿Y quién te dice a ti, grandísima tal, deslenguada y bocona, que yo vengo a sofocarte? A ver si hay alguna tarasca de éstas que sostenga que yo no tengo humanidad. Atrévete a decírmelo...

Enarboló el garrote, símbolo de su autoridad y de su mal genio, y en el corrillo que se había formado sólo se veían bocas abiertas y miradas de estupefacción.

—Pues a ti y a todas les digo que no me importa un rábano que no me paguéis hoy. ¡Vaya! ¿Cómo lo he de decir para que lo entiendan?... ¡Conque estando tu marido sin trabajar te iba yo a poner el dogal al cuello!... Gracias, niña, por el favor que me haces... Yo sé que me pagarás cuando puedas, ¿verdad? Porque lo que es intención de pagar, tú la tienes. Pues entonces, ¿a qué tanto enfurruñarse?... ¡Tontas, malas cabezas! (esforzándose en producir una sonrisa); ¡vosotras, creyéndome a mí más duro que las peñas, y yo dejándooslo creer, porque me convenía, porque me convenía, claro, pues Dios manda que no echemos facha con nuestra humanidad...! Vaya, que sois todas unos grandísimos peines... Abur, tú, no te sofoques. Y no creas que hago esto para que me eches bendiciones. Pero conste que no te ahogo, y para que veas lo bueno que soy...

Se detuvo y meditó un momento, llevándose la mano al bolsillo y mirando al suelo.

—Nada, nada... Quédate con Dios.

Y a otra. Cobró en las tres puertas siguientes sin ninguna dificultad. «D. Francisco, que me ponga usted piedra nueva en la hornilla, que aquí no se puede guisar...» En otras circunstancias, esta reclamación habría sido el principio de una chillería tremenda, verbigracia: «Pon el traspontín en la hornilla, sinvergüenza, y arma el fuego encima». —«Miren el tío manguitillas, así se le vuelvan veneno los cuartos»[35]. Pero aquel día todo era paz y concordia, y Torquemada concedía cuanto le demandaban.

¡Ay, D. Francisco! —le dijo otra en el número 11—, tenga los jeringados cincuenta reales. Para poderlos juntar, no hemos comido más que dos cuartos de gallineja y otros dos de hígado con pan seco... Pero por no verle el caráiter[36] de esa cara y no oírle, me mantendría yo con puntas de París.

—Pues mira, eso es un insulto, una injusticia, porque si las he sofocado otras veces no ha sido por el materialismo del dinero, sino

porque me gusta ver cumplir a la gente... para que no se diga... Debe
haber dignidad en todos. ¡A fe que tienes buena idea de mí!... ¿Iba
yo a consentir que tus hijos, estos borregos de Dios, tuviesen hambre?... Deja, déjate el dinero... O mejor, para que no lo tomes a
desaire: partámoslo y quédate con veinticinco reales[37]. Ya me los darás
otro día... ¡Bribonazas, cuando debíais confesar que soy para vosotras
como un padre, me tacháis de inhumano y de qué sé yo qué! No, yo
les aseguro a todas que respeto a la Humanidad, que la considero, que
la estimo, que ahora y siempre haré todo el bien que pueda y un
poquito más... ¡Hala!

Asombro, confusión. Tras de él iba el parlero grupo, chismorreando
así: «A este condenado le ha pasado algún desavío... D. Francisco no
está bueno de la cafetera. Mirad qué cara de patíbulo se ha traído.
¡D. Francisco con humanidad! Ahí tenéis por qué está saliendo todas
las noches en el cielo esa estrella con rabo. Es que el mundo se va
a acabar».

En el número 16:

—Pero hija de mi alma, so tunanta, ¿tenías a tu niña mala y no
me habías dicho nada? ¿Pues para qué estoy yo en el mundo? Francamente eso es un agravio que no te perdono, no te lo perdono. Eres una
indecente; y en prueba de que no tienes ni pizca de sentido, ¿apostamos
a que no adivinas lo que voy a hacer? ¿Cuánto va a que no lo adivinas?... Pues voy a darte para que pongas un puchero... ¡ea! Toma,
y di ahora que yo no tengo humanidad. Pero sois tan mal agradecidas,
que me pondréis como chupa de dómine[38], y hasta puede que me
echéis alguna maldición. Abur.

En el cuarto de la señá Casiana, una vecina se aventuró a decirle:

—Don Francisco, a nosotras no nos la da usted[39]. A usted le pasa
algo. ¿Qué demonios tiene en esa cabeza o en ese corazón de cal
y canto?

Dejóse el afligido casero caer en una silla, y quitándose el hongo
se pasó la mano por la amarilla frente y la calva sebosa, diciendo tan
sólo entre suspiros:

—¡No es de cal y canto, puñales, no es de cal y canto!

Como observasen que sus ojos se humedecían y que, mirando al
suelo y apoyado con ambas manos en el bastón, cargaba sobre éste
todo el peso del cuerpo, meciéndose, le instaron para que se desaho-

gara; pero él no debió creerlas dignas de ser confidentes de su inmensa, desgarradora pena. Tomando el dinero, dijo con voz cavernosa:

—Si no lo tuvieras, Casiana, lo mismo sería. Repito que yo no ahogo al pobre... como que yo también soy pobre... Quien dijese —levantándose con zozobra y enfado— que soy inhumano, miente más que la *Gaceta* [40]. Yo soy humano, yo compadezco a los desgraciados; yo les ayudo en lo que puedo, porque así nos lo manda la Humanidad; y bien sabéis todas que como faltéis a la Humanidad, lo pagaréis tarde o temprano, y que si sois buenas tendréis vuestra recompensa. Yo os juro por esa imagen de la Virgen de las Angustias con el Hijo muerto en los brazos —señalando una lámina—, yo os juro que si no os he parecido caritativo y bueno, no quiere esto decir que no lo sea, ¡puñales!, y que si son menester pruebas, pruebas se darán. Dale, que no lo creen... pues váyanse todas con doscientos mil pares de demonios, que a mí con ser bueno me basta... No necesito que nadie me dé bombo. Piojosas, para nada quiero vuestras gratitudes... Me paso por las narices vuestras bendiciones [41].

Dicho esto salió de estampía. Todas le miraban por la escalera abajo, y por el patio adelante, y por el portal afuera, haciendo unos gestos tales que parecía el mismo demonio persignándose.

V

Corrió hacia su casa, y contra su costumbre (pues era hombre que comúnmente prefería despernarse a gastar una peseta), tomó un coche para llegar más pronto. El corazón dio en decirle que encontraría buenas noticias, el enfermo aliviado, la cara de Rufina sonriente al abrir la puerta; y en su impaciencia loca, parecíale que el carruaje no se movía, que el caballo cojeaba y que el cochero no sacudía bastantes palos al pobre animal... «Arrea, hombre. ¡Maldito jaco! Leña en él —le gritaba—. Mira que tengo mucha prisa».

Llegó por fin; y al subir jadeante la escalera de su casa, razonaba sus esperanzas de esta manera: «No salgan ahora diciendo que es por mis maldades, pues de todo hay...» ¡Qué desengaño al ver la cara de Rufina tan triste, y al oír aquel *lo mismo, papá,* que sonó en sus oídos como fúnebre campanada! Acercóse de puntillas al enfermo y le examinó. Como el pobre niño se hallara en aquel momento amodorrado, pudo D. Francisco observarle con relativa calma, pues cuando deliraba y quería echarse del lecho, revolviendo en torno los espantados ojos, el padre no tenía valor para presenciar tan doloroso espectáculo y huía de la alcoba trémulo y despavorido. Era hombre que carecía de valor para afrontar penas de tal magnitud, sin duda por causa de su deficiencia moral; se sentía medroso, consternado, y como responsable de tanta desventura y dolor tan grande. Seguro de la esmeradísima asistencia de Rufina, ninguna falta hacía el afligido padre junto al lecho de Valentín: al contrario, más bien era estorbo; pues si le asistiera, de fijo, en su turbación, equivocaría las medicinas, dándole a beber algo que acelerara su muerte. Lo que hacía era vigilar sin descanso, acercarse a menudo a la puerta de la alcoba, y ver lo que ocurría, lastimeros y el delirar muy fuerte, lo que sentía Torquemada era oir la voz del niño delirando o quejándose; pero si los ayes eran muy un deseo instintivo de echar a correr y ocultarse con su dolor en el último rincón del mundo.

Aquella tarde, le acompañaron un rato Bailón, el carnicero de abajo, el sastre del principal y el fotógrafo de arriba, esforzándose todos en consolarle con las frases de reglamento; mas no acertando Torquemada a sostener la conversación sobre tema tan triste, les daba las gracias con desatenta sequedad. Todo se le volvía suspirar con bramidos, pasearse a trancos, beber buches de agua y dar algún puñetazo en la pared. ¡Tremendo caso aquél! ¡Cuántas esperanzas desvanecidas!... ¡Aquella flor del mundo segada y marchita! Esto era para volverse loco. Más natural sería el desquiciamiento universal que la muerte del portentoso niño que había venido a la tierra para iluminarla con el fanal de su talento... ¡Bonitas cosas hacía Dios, la Humanidad, o quien quiera que fuese el muy tal y cual que inventó el mundo y nos puso en él! Porque si habían de llevarse a Valentín, ¿para qué le trajeron acá, dándole a él, al buen Torquemada, el privilegio de engendrar tamaño prodigio? ¡Bonito negocio hacía la Providencia, la Humanidad, o el arrastrado Conjunto, como decía Bailón! ¡Llevarse al niño aquél, lumbrera de la ciencia, y dejar acá todos los tontos! ¿Tenía esto sentido común? ¡No había motivo para rebelarse contra los de arriba, ponerles como ropa de pascua y mandarles a paseo? [42] Si Valentín se moría, ¿qué quedaba en el mundo? Oscuridad, ignorancia. Y para el padre, ¡qué golpe! Porque figurémonos todos lo que sería D. Francisco cuando su hijo, ya hombre, empezase a figurar, a confundir a todos los sabios, a volver patas arriba la ciencia toda!... Torquemada sería en tal caso la segunda persona de la Humanidad, y sólo por la gloria de haber engendrado al gran matemático, sería cosa de plantarle en un trono. ¡Vaya un ingeniero que sería Valentín si viviese! Como que había de hacer unos ferrocarriles que irían de aquí a Pekín en cinco minutos, y globos para navegar por los aires, y barcos para andar por debajito del agua, y otras cosas nunca vistas ni siquiera soñadas. ¡Y el planeta se iba a perder estas gangas por una estúpida sentencia de los que dan y quitan la vida!... Nada, nada, envidia, pura envidia. Allá arriba, en las invisibles cavidades de los altos cielos, alguien se había propuesto *fastidiar* a Torquemada. Pero... pero... ¿y si no fuese envidia, sino castigo? ¿Si se había dispuesto así para anonadar al tacaño cruel, al casero tiránico, al prestamista sin entrañas? ¡Ah! cuando esta idea entraba en turno, Torquemada sentía impulsos de correr hacia la pared más próxima y estrellarse contra ella. Pronto se reaccionaba y volvía sobre sí. No, no podía ser castigo, porque él no era malo, y si lo fue, ya se enmendaría. Era envidia, tirria y malquerencia que le tenían, por ser autor de tan soberana eminencia. Querían truncarle su porvenir y arrebatarle aquella alegría y fortuna inmensa de sus últimos años... Porque su hijo, si viviese, había de ganar muchísimo dinero, pero muchísimo, y de aquí la celestial intriga. Pero él (lo pensaba lealmente) renunciaría a las ganancias pecuniarias del hijo, con tal de que le dejaran la gloria, ¡la gloria!, pues para negocios, le bastaba con los suyos propios... El último paroxismo de su exaltada mente fue renunciar a todo el *materialismo* de la ciencia del niño, con tal que le dejasen la gloria.

Cuando se quedó solo con él, Bailón le dijo que era preciso tuviese filosofía; y como Torquemada no entendiese bien el significado y aplicación de tal palabra, explanó la sibila su idea en esta forma: «Conviene resignarse, considerando nuestra pequeñez ante estas grandes evoluciones de la materia... pues, o substancia vital. Somos átomos, amigo D. Francisco, nada más que unos tontos de átomos. Respetemos las disposiciones del grandísimo Todo a que pertenecemos, y vengan penas. Para eso está la filosofía, o, si se quiere, la religión: para hacer pecho a la adversidad. Pues si no fuera así, no podríamos vivir». Todo lo aceptaba Torquemada menos resignarse. No tenía en su alma la fuente de donde tal consuelo pudiera salir, y ni siquiera lo comprendía. Como el otro, después de haber comido bien, insistiera en aquellas ideas, a D. Francisco se le pasaron ganas de darle un par de trompazos, destruyendo en un punto el perfil más enérgico que dibujara Miguel Angel. Pero no hizo más que mirarle con ojos terroríficos, y el otro se asustó y puso punto en sus teologías.

A prima noche, Quevedito y el otro médico hablaron a Torquemada en términos desconsoladores. Tenían poca o ninguna esperanza, aunque no se atrevían a decir en absoluto que la habían perdido, y dejaban abierta la puerta a las reparaciones de la naturaleza y a la misericordia de Dios. Noche horrible fue aquélla. El pobre Valentín se abrasaba en invisible fuego. Su cara encendida y seca, sus ojos iluminados por esplendor siniestro, su inquietud ansiosa, sus bruscos saltos en el lecho, cual si quisiera huir de algo que le asustaba, eran espectáculo tristísimo que oprimía el corazón. Cuando D. Francisco, transido de dolor, se acercaba a la abertura de las

entornadas batientes de la puerta y echaba hacia adentrc una mira-
ra tímida, creía escuchar, con la respiración premiosa del niño, algo
como el chirrido de su carne tostándose en el fuego de la calentura.
Puso atención a las expresiones incoherentes del delirio, y le oyó decir:
«*Equis elevado al cuadrado, menos uno, partido por dos, más cinco equis
menos dos, partido por cuatro, igual equis por equis más dos, partido por
doce... Papá, papá, la característica del logaritmo de un entero tiene tantas unidades menos una como...*» Ningún tormento de la Inquisición
iguala al que sufría Torquemada oyendo estas cosas. Eran las pavesas
del asombroso entendimiento de su hijo, revolando sobre las llamas
en que éste se consumía. Huyó de allí por no oir la dulce vocecita,
y estuvo más de media hora echado en el sofá de la sala, agarrándose
con ambas manos la cabeza como si se le quisiese escapar. De impro-
viso se levantó, sacudido por una idea; fue al escritorio donde tenía
el dinero; sacó un cartucho de monedas que debían de ser calderilla,
y vaciándoselo en el bolsillo del pantalón, púsose capa y sombrero,
cogió el llavín, y a la calle.

Salió como si fuera en persecución de un deudor. Después de mucho
andar, parábase en una esquina, miraba con azoramiento a una parte
y otra, y vuelta a correr calle adelante, con paso de inglés tras de su
víctima. Al compás de la marcha, sonaba en la pierna derecha el retin-
tín de las monedas... Grandes eran su impaciencia y desazón por
no encontrar aquella noche lo que otras le salía tan a menudo al
paso, molestándole y aburriéndole. Por fin... gracias a Dios... acercóse
un pobre. «Toma, hombre, toma: ¿dónde diablos os metéis esta noche?
Cuando no hacéis falta, salís como moscas, y cuando se os busca para
socorreros, nada...» Apareció luego uno de esos mendigos decentes que
piden, sombrero en mano, con lacrimosa cortesía. «Señor, un pobre
cesante». —«Tenga; tenga más. Aquí estamos los hombres caritativos
para acudir a las miserias... Dígame: ¿no me pidió usted noches pasa-
das? Pues sepa que no le di porque iba muy de prisa. Y la otra noche
y la otra, tampoco le di porque no llevaba suelto: lo que es voluntad
la tuve, bien que la tuve». Claro es que el cesante pordiosero se
quedaba viendo visiones, y no sabía cómo expresar su gratitud. Más
allá, salió de un callejón la fantasma. Era una mujer que pide en la
parte baja de la calle de la Salud, vestida de negro, con un velo
espesísimo que le tapa la cara. «Tome, tome, señora... Y que me digan

ahora que yo jamás he dado una limosna. ¿Le parece a usted qué calumnia? Vaya, que ya habrá usted reunido bastantes cuartos esta noche. Como que hay quien dice que pidiendo así, y con ese velo por la cara, ha reunido usted un capitalito. Retírese ya, que hace mucho frío... y ruegue a Dios por mí». En la calle del Carmen, en la de Preciados y Puerta del Sol, a todos los chiquillos que salían dio su perro por barba. «¡Eh!, niño, ¿tú pides o qué haces ahí, como un bobo?» Esto se lo dijo a un chicuelo que estaba arrimado a la pared, con las manos a la espalda, descalzos los pies, el pescuezo envuelto en una bufanda. El muchacho alargó la mano aterida. «Toma... Pues qué, ¿no te decía el corazón que yo había de venir a socorrerte? ¿Tienes frío y hambre? Toma más, y lárgate a tu casa, si la tienes. Aquí estoy yo para sacarte de un apuro; digo, para partir contigo un pedazo de pan, porque yo también soy pobre y más desgraciado que tú, ¿sabes?, porque el frío, el hambre, se soportan; pero ¡ay! otras cosas...» Apretó el paso sin reparar en la cara burlona de su favorecido, y siguió dando, dando, hasta que le quedaron pocas piezas en el bolsillo. Corriendo hacia su casa, en retirada, miraba al cielo, cosa en él muy contraria a la costumbre, pues si alguna vez lo miró para enterarse del tiempo, jamás, hasta aquella noche, lo había contemplado. ¡Cuantísima estrella! Y qué claras y resplandecientes, cada una en su sitio, hermosas y graves, millones de millones de miradas que no aciertan a ver nuestra pequeñez. Lo que más suspendía el ánimo del tacaño era la idea de que todo aquel cielo estuviese indiferente a su gran dolor, o más bien ignorante de él. Por lo demás, como bonitas, ¡vaya si eran bonitas las estrellas! Las había chicas, medianas y grandes; algo así como pesetas, medios duros y duros. Al insigne prestamista le pasó por la cabeza lo siguiente: «Como se ponga bueno, me ha de ajustar esta cuenta: si acuñáramos todas las estrellas del cielo, ¿cuánto producirían al 5 por 100 de interés compuesto en los siglos que van desde que todo eso existe?»

Entró en su casa cerca de la una, sintiendo algún alivio en las congojas de su alma; se adormeció vestido, y a la mañana del día siguiente la fiebre de Valentín había remitido bastante. ¿Habría esperanzas? Los médicos no las daban sino muy vagas, y subordinando su fallo al recargo de la tarde. El usurero, excitadísimo, se abrazó a tan débil esperanza como el náufrago se agarra a la flotante astilla. Viviría, ¡pues no había de vivir!

—Papá —le dijo Rufina llorando—, pídeselo a la Virgen del Carmen y déjate de Humanidades.

—¿Crees tú?... Por mí no ha de quedar [43]. Pero te advierto que no habiendo buenas obras no hay que fiarse de la Virgen. Y acciones cristianas habrá, cueste lo que cueste: yo te lo aseguro. En las obras de misericordia está todo el intríngulis. Yo vestiré desnudos, visitaré enfermos, consolaré tristes... Bien sabe Dios que ésa es mi voluntad, bien lo sabe... No salgamos después con la peripecia de que no lo sabía... Digo, como saberlo, lo sabe... Falta que quiera [44].

Vino por la noche el recargo, muy fuerte. Los calomelanos y revulsivos no daban resultado alguno. Tenía el pobre niño las piernas abrasadas a sinapismos, y la cabeza hecha una lástima con las embrocaciones para obtener la erupción artificial. Cuando Rufina le cortó el pelito por la tarde, con objeto de despejar el cráneo, Torquemada oía los tijeretazos como si se los dieran a él en el corazón. Fue preciso comprar más hielo para ponérselo en vejigas en la cabeza, y después hubo que traer el iodoformo; recados que el *Peor* desempeñaba con ardiente actividad, saliendo y entrando cada poco tiempo. De vuelta a casa, ya anochecido, encontró, al doblar la esquina de la calle de Hita, un anciano mendigo y haraposo, con pantalones de soldado, la cabeza al aire, un andrajo de chaqueta por los hombros, y mostrando el pecho desnudo. Cara más venerable no se podría encontrar sino en las estampas del *Año cristiano* [45]. Tenía la barba erizada y la frente llena de arrugas, como San Pedro, el cráneo terso, y dos rizados mechones blancos en las sienes. «Señor, señor —decía con el temblor de un frío intenso—, mire cómo estoy, míreme». Torquemada pasó de largo, y se detuvo a poca distancia; volvió hacia atrás, estuvo un rato vacilando, y al fin siguió su camino. En el cerebro le fulguró esta idea: «Si conforme traigo la capa nueva, trajera la vieja...»

VI

Y al entrar en su casa:

—¡Maldito de mí! No debí dejar escapar aquel acto de cristiandad.

Dejó la medicina que traía, y, cambiando de capa, volvió a echarse a la calle. Al poco rato, Rufina, viéndole entrar en cuerpo, le dijo asustada:

—Pero, papá, ¡cómo tienes la cabeza!... ¿En dónde has dejado la capa?

—Hija de mi alma —contestó el tacaño bajando la voz y poniendo una cara muy compungida—, tú no comprendes lo que es un buen rasgo de caridad, de humanidad!... ¿Preguntas por la capa? Ahí te quiero ver... Pues se la he dado a un pobre viejo, casi desnudo y muerto de frío. Yo soy así: no ando con bromas cuando me compadezco del pobre. Podré parecer duro algunas veces; pero como me ablande... Veo que te asustas. ¿Qué vale un triste pedazo de paño?

—¿Era la nueva?

—No, la vieja... Y ahora, créemelo, me remuerde la conciencia por no haberle dado la nueva... y se me alborota también por habértelo dicho. La caridad no se debe pregonar.

No se habló más de aquello, porque de cosas más graves debían ambos ocuparse. Rendida de cansancio, Rufina no podía ya con su cuerpo: cuatro noches hacía que no se acostaba; pero su valeroso espíritu la sostenía siempre en pie, diligente y amorosa como una hermana de la caridad. Gracias a la asistenta que tenían en casa, la señorita podía descansar algunos ratos; y para ayudar a la asistenta en los trabajos de la cocina, quedábase allí por las tardes la trapera de la casa, viejecita que recogía las basuras y los pocos desperdicios de la comida, *ab initio,* o sea desde que Torquemada y doña Silvia se casaron, y lo mismo había hecho en la casa de los padres de doña Silvia. Llamábanla la *tía Roma,* no sé por qué (me inclino a creer que este nombre es corrupción de Jerónima);

y era tan vieja, tan vieja y tan fea, que su cara parecía un puñado de telarañas revueltas con ceniza; su nariz de corcho ya no tenía forma; su boca redonda y sin dientes, menguaba o crecía, según la distensión de las arrugas que la formaban. Más arriba, entre aquel revoltijo de piel polvorosa, lucían los ojos de pescado, dentro de un cerco de pimentón húmedo. Lo demás de la persona desaparecía debajo de un envoltorio de trapos y dentro de la remendada falda, en la cual había restos de un traje de la madre de doña Silvia, cuando era polla. Esta pobre mujer tenía gran apego a la casa, cuyas barreduras había recogido diariamente durante luengos años; tuvo en gran estimación a doña Silvia, la cual nunca quiso dar a nadie más que a ella los huesos, mendrugos y piltrafas sobrantes; y amaba entrañablemente a los niños, principalmente a Valentín, delante de quien se prosternaba con admiración supersticiosa. Al verle con aquella enfermedad tan mala, que era, según ella, una reventazón del talento en la cabeza, la tía Roma no tenía sosiego: iba mañana y tarde a enterarse; penetraba en la alcoba del chico, y permanecía largo rato sentada junto al lecho, mirándole silenciosa, sus ojos como dos fuentes inagotables que inundaban de lágrimas los flácidos pergaminos de la cara y pescuezo.

Salió la trapera del cuarto para volverse a la cocina, y en el comedor se encontró al amo que, sentado junto a la mesa y de bruces en ella, parecía entregarse a profundas meditaciones. La tía Roma, con el largo trato y su metimiento en la familia, se tomaba confianzas con él.

—Rece, rece —le dijo, poniéndosele delante y dando vueltas al pañuelo con que pensaba enjugar el llanto caudaloso—, rece, que buena falta le hace ...¡Pobre hijo de mis entrañas, qué malito está!... Mire, mire (señalando al encerado), las cosas tan guapas que escribió en ese bastidor negro. Yo no entiendo lo que dice... pero a cuenta que dirá que debemos ser buenos... ¡Sabe más ese ángel!... Como que por eso Dios no nos le quiere dejar...

—¿Qué sabes tú, tía Roma? —dijo Torquemada poniéndose lívido—. Nos le dejará. ¿Acaso piensas tú que yo soy tirano y perverso como creen los tontos y algunos perdidos, malos pagadores?... Si uno se descuida, le forman la reputación más perra del mundo... Pero Dios sabe la verdad... Si he hecho o no he hecho caridades en estos días, eso no es cuenta de nadie: no me gusta que me averigüen y pongan en carteles mis buenas acciones... Reza tú también, reza mucho hasta que se te seque la boca, que tú debes de ser allá muy bien mirada, porque en tu vida has tenido una peseta... Yo me vuelvo loco, y me preguntó qué culpa tengo yo de haber ganado algunos jeringados reales... ¡Ay, tía Roma, si vieras cómo tengo mi alma! Pídele a Dios que se nos conserve Valentín, porque si se nos muere, yo no sé lo que pasará, yo me volveré loco, saldré a la calle y mataré a alguien. Mi hijo es mío, ¡puñales!, y la gloria del mundo. ¡Al que me lo quite...!

—¡Ay qué pena! —murmuró la vieja ahogándose—. Pero quién sabe... puede que la Virgen haga el milagro... Yo se lo estoy pidiendo con muchísima devoción. Empuje usted por su lado, y prometa ser tan siquiera regular.

—Pues por prometido no quedará... Tía Roma, déjame... déjame solo. No quiero ver a nadie. Me entiendo mejor solo con mi afán.

La anciana salió gimiendo, y D. Francisco, puestas las manos sobre la mesa, apoyó en ellas su frente ardorosa. Así estuvo no sé cuánto tiempo, hasta que le hizo variar de postura su amigo Bailón, dándole palmadas en el hombro y diciéndole:

—No hay que amilanarse. Pongamos cara de vaqueta a la desgracia, y no permitamos que nos acoquine la muy... Déjese para las mujeres la cobardía. Ante la Naturaleza, ante el sublime Conjunto, somos unos pedazos de átomos que no sabemos de la misa la media.

—Váyase usted al rábano con sus Conjuntos y sus papas —le dijo Torquemada echando lumbre por los ojos.

Bailón no insistió; y juzgando que lo mejor era distraerle, apartando su pensamiento de aquellas sombrías tristezas, pasado un ratito le habló de cierto negocio que traía en la mollera.

Como quiera que el arrendatario de sus ganados asnales y cabríos hubiese rescindido el contrato, Bailón decidió explotar aquella industria en gran escala, poniendo un gran establecimiento de leches a estilo moderno, con servicio puntual a domicilio, precios arreglados, local elegante, teléfono, etc. Lo había estudiado, y...

—Créame usted, amigo D. Francisco, es negocio seguro, mayormente si añadimos el ramo de vacas, porque en Madrid las leches...

—Déjeme usted a mí de leches y de... ¿Qué tengo yo que ver con burras y con vacas? —gritó el *Peor* poniéndose en pie y mirándole con desprecio—. Me ve cómo estoy, ¡puñales!, muerto de pena, y me viene a hablar de la condenada leche... ¡Hábleme de cómo se consigue que Dios nos haga caso cuando pedimos lo que necesitamos; hábleme de lo que... no sé cómo explicarlo... de lo que significa ser bueno y ser malo... porque, o yo soy un zote, o ésta es de las cosas que tienen más busilis...

—¡Vaya si lo tienen, vaya si lo tienen, carambita! —dijo la sibila con expresión de suficiencia, moviendo la cabeza y entornando los ojos.

En aquel momento tenía el hombre actitud muy diferente de la de su similar en la Capilla Sixtina: sentado, las manos sobre el puño del bastón, éste entre las piernas, las piernas dobladas con igualdad, el sombrero caído para atrás, el cuerpo atlético desfigurado dentro del gabán de solapas aceitosas, los hombros y cuello plagados de caspa. Y sin embargo de estas prosas, el muy arrastrado se parecía a Dante y ¡había sido sacerdote en Egipto! Cosas de la pícara humanidad...

—Vaya si lo tienen —repitió la sibila, preparándose a ilustrar a su amigo con una opinión cardinal—. ¡Lo bueno y lo malo... como quien dice, luz y tinieblas!

Bailón hablaba de muy distinta manera de como escribía. Esto es muy común. Pero aquella vez la solemnidad del caso exaltó tanto a su magín, que se le vinieron a la boca los conceptos en la forma propia de su escuela literaria.

—He aquí que el hombre vacila y se confunde ante el gran problema. ¿Qué es el bien? ¿Qué es el mal? Hijo mío, abre tus oídos a la verdad y tus ojos a la luz. El bien es amar a nuestros semejantes. Amemos y sabremos lo que es el bien. Aborrezcamos y sabremos lo que es el mal. Hagamos bien a los que nos aborrecen, y las espinas se nos volverán flores. Esto dijo el Justo, esto digo yo... Sabiduría de sabidurías, y ciencia de ciencia.

—Sabiduría y armas al hombro [46] —gruñó Torquemada con abatimiento—. Eso ya lo sabía yo... pues lo de *al prójimo contra una esquina* siempre me ha parecido una barbaridad [47]. No hablemos más de eso... No quiero pensar en cosas tristes. No digo más sino que si se me muere el hijo... vamos, no quiero pensarlo... si se me muere, lo mismo me da lo blanco que lo negro...

En aquel momento oyóse un grito áspero, estridente, lanzado por Valentín, y que a entrambos les dejó suspensos de terror. Era el grito meníngeo, semejante al alarido del pavo real. Este extraño síntoma encefálico se había iniciado aquel día por la mañana, y revelaba el gravísimo y pavoroso curso de la enfermedad del pobre niño matemático. Torquemada se hubiera escondido en el centro de la tierra para no oir tal grito: metióse en su despacho sin hacer caso de las exhortaciones de Bailón, y dando a éste con la puerta en el hocico dantesco. Desde el pasillo le sintieron abriendo el cajón de su mesa; y al poco rato apareció guardando algo en el bolsillo interior de la americana. Cogió el sombrero, y sin decir nada se fue a la calle.

Explicaré lo que esto significaba y a dónde iba con su cuerpo aquella tarde el desventurado D. Francisco. El día mismo en que cayó malo Valentín, recibió su padre carta de un amigo y sacrificado cliente o deudor suyo, pidiéndole préstamo con garantía de los muebles de la casa. Las relaciones entre la víctima y el inquisidor databan de larga fecha, y las ganancias obtenidas por éste habían sido enormes, porque el otro era muy débil, muy delicado, y se dejaba desollar, freír y escabechar como si hubiera nacido para eso. Hay personas así. Pero llegaron tiempos penosísimos, y el señor aquel no podía recoger su papel. Cada lunes y cada martes, el *Peor* le embestía, le mareaba, le ponía la cuerda al cuello y tiraba muy fuerte, sin conseguir sacarle ni los intereses vencidos. Fácilmente se comprenderá la ira del tacaño al recibir la cartita pidiendo un nuevo préstamo. ¡Qué atroz insolencia! Le habría contestado mandándole a paseo, si la enfermedad del niño no le trajera tan afligido y sin ganas de pensar en negocios. Pasaron dos días, y allá te va otra esquela angustiosa, de *in extremis,* como pidiendo la Unción. En aquellas cortas líneas en que la víctima invocaba los *hidalgos sentimientos* de su verdugo, se hablaba de un compromiso de honor, proponíanse las condiciones más espantosas, se pasaba por todo con tal de ablandar el corazón de bronce del usurero, y obtener de él la afirmativa. Pues cogió mi hombre la carta, y hecha pedazos la tiró a la cesta de papeles, no volviendo a acordarse más de semejante cosa. ¡Buena tenía él la cabeza para pensar en los compromisos y apuros de nadie, aunque fueran los del mismo Verbo!

Pero llegó la ocasión aquella antes descrita, el coloquio con la tía Roma y con D. José, el grito de Valentín, y he aquí que al judío le da como una corazonada, se le enciende en la mollera fuego de inspiración, trinca el sombrero y se va derecho en busca de su desdichado cliente. El cual era apreciable persona, sólo que de cortos alcances, con un familión sin fin, y una señora a quien le daba el hipo por lo elegante [48]. Había desempeñado el tal buenos destinos en la Península y en Ultramar, y lo que trajo de allá, no mucho, porque era hombre de bien, se lo afanó el usurero en menos de un año. Después le cayó la herencia de un tío; pero como la señora tenía unos condenados *jueves* para reunir y agasajar a la mejor sociedad [49], los cuartos de la herencia se escurrían de lo lindo, y sin saber cómo ni cuándo, fueron a parar al bolsón de Torquemada. Yo no sé qué demonios tenía el dinero de aquella casa, que era como un acero para correr hacia el imán del maldecido prestamista. Lo peor del caso es que aun después de hallarse la familia con el agua al pescuezo, todavía la tarasca aquella tan *fashionable* encargaba vestidos a París, invitaba a sus amigas para un *five o'clock tea,* o imaginaba cualquier otra majadería por el estilo.

Pues, señor, ahí va D. Francisco hacia la casa del señor aquel, que, a juzgar por los términos aflictivos de la carta, debía de estar a punto de caer, con toda su elegancia y sus tés, en los tribunales [50], y de exponer a la burla y a la deshonra un nombre respetable. Por el camino sintió el tacaño que le tiraban de la capa. Volvióse... ¿y quién creéis que era? Pues una mujer que parecía la Magdalena por su cara dolorida y por su hermoso pelo, mal encubierto con pañuelo de cuadros rojos y azules. El palmito era de la mejor ley; pero muy ajado ya por fatigosas campañas. Bien se conocía en ella a la mujer que sabe vestirse, aunque iba en aquella ocasión hecha un pingo, casi indecente, con falda remendada, mantón de ala de mosca y unas botas... ¡Dios, qué botas, y cómo desfiguraban aquel pie tan bonito!

—¡Isidora! [51] —exclamó D. Francisco, poniendo cara de regocijo, cosa en él muy desusada—. ¿A dónde va usted con ese ajetreado cuerpo?

—Iba a su casa, Sr. D. Francisco, tenga compasión de nosotros... ¿Por qué es usted tan tirano y tan de piedra? ¿No ve cómo estamos? ¿No tiene tan siquiera un poquito de humanidad?

—Hija de mi alma, usted me juzga mal... ¿Y si yo le dijera ahora que iba pensando en usted... que me acordaba del recado que me mandó ayer por el hijo de la portera... y de lo que usted misma me dijo anteayer en la calle?

—¡Vaya, que no hacerse cargo de nuestra situación! —dijo la mujer echándose a llorar—. Martín muriéndose... el pobrecito... en aquel buhardillón helado... Ni cama, ni medicinas, ni con qué poner un triste puchero para darle una taza de caldo... ¡Qué dolor! D. Francisco, tenga cristiandad y no nos abandone. Cierto que no tenemos crédito; pero a Martín le quedan media docena de estudios muy bonitos... Verá usted... el de la sierra de Guadarrama, precioso... el de La Granja, con aquellos arbolitos... también, y el de... qué sé yo. Todos muy bonitos. Se los llevaré... pero no sea malo y compadézcase del pobre artista...

—Eh... eh... no llore, mujer... Mire que yo estoy montado a pelo [52], tengo una aflicción tal dentro de mi alma, Isidora, que... si sigue usted llorando, también yo soltaré el trapo [53]. Váyase a su casa y espéreme allí. Iré dentro de un ratito... ¿Qué... duda de mi palabra?

—¿Pero de veras que va? No me engañe, por la Virgen Santísima.

—¿Pero la he engañado yo alguna vez? Otra queja podrá tener de mí; pero lo que es ésa...

—¿Le espero de verdad?... ¡Qué bueno será usted si va y nos socorre!... ¡Martín se pondrá más contento cuando se lo diga!

—Váyase tranquila... Aguárdeme, y mientras llego pídale a Dios por mí con todo el fervor que pueda.

VII

No tardó en llegar a la casa del cliente, la cual era un principal muy bueno, amueblado con mucho lujo y elegancia, con *vistas a San Bernardino*[54]. Mientras aguardaba a ser introducido, el *Peor* contempló el hermoso perchero y los soberbios cortinajes de la sala, que por la entornada puerta se alcanzaban a ver, y tanta magnificencia le sugirió estas reflexiones: «En lo tocante a los muebles, como buenos lo son... vaya si lo son». Recibióle el amigo en su despacho; y apenas Torquemada le preguntó por la familia, dejóse caer en una silla con muestras de gran consternación.

—¿Pero qué le pasa? —le dijo el otro.

—No me hable usted, no me hable usted, Sr. D. Juan. Estoy con el alma en un hilo... ¡Mi hijo...!

—¡Pobrecito! Sé que está muy malo... ¿Pero no tiene usted esperanzas?

—No, señor... Digo, esperanzas, lo que se llama esperanzas... No sé; estoy loco; mi cabeza es un volcán...

—¡Sé lo que es eso! —observó el otro con tristeza—. He perdido dos hijos que eran mi encanto: el uno de cuatro años; el otro de once.

—Pero su dolor de usted no puede ser como el mío. Yo padre, no me parezco a los demás padres, porque mi hijo no es como los demás hijos: es un milagro de sabiduría... ¡Ay, D. Juan, D. Juan de mi alma, tenga usted compasión de mí! Pues verá usted... Al recibir su carta primera, no pude ocuparme... La aflicción no me dejaba pensar... Pero me acordaba de usted y decía: «Aquel pobre D. Juan, ¡qué amarguras estará pasando!...» Recibo la segunda esquela, y entonces digo: «Ea, pues lo que es yo no le dejo en ese pantano. Debemos ayudarnos los unos a los otros en nuestras desgracias». Así pensé; sólo que con la batahola que hay en casa, no tuve tiempo de venir ni de contestar... Pero hoy, aunque estaba medio muerto de pena, dije: «Voy, voy al momento a sacar del purgatorio a ese buen amigo

D. Juan...», y aquí estoy para decirle que aunque me debe usted setenta y tantos mil reales, que hacen más de noventa con los intereses no percibidos [55], y aunque he tenido que darle varias prórrogas, y... francamente... me temo tener que darle alguna más, estoy decidido a hacerle a usted ese préstamo sobre los muebles para que evite la peripecia que se le viene encima.

—Ya está evitada —replicó D. Juan, mirando al prestamista con la mayor frialdad—. Ya no necesito el préstamo.

—¡Qué no lo necesita! —replicó el tacaño desconcertado—. Repare usted una cosa, D. Juan. Se lo hago a usted... al doce por ciento.

Y viendo que el otro hacía signos negativos, levantóse, y recogiendo la capa, que se le caía, dio algunos pasos hacia D. Juan, le puso la mano en el hombro y le dijo:

—Es que no quiere usted tratar conmigo, por aquello de si soy o no soy agarrado. ¡Me parece a mí que un doce! ¿Cuándo las habrá visto usted más gordas? [56]

—Me parece muy razonable el interés; pero, lo repito, ya no me hace falta.

—¿Se ha sacado usted el premio gordo, por vida de...! —exclamó Torquemada con grosería—. D. Juan, no gaste usted bromas conmigo... ¿Es que duda de que le hable con seriedad? Porque eso de que no le hace falta... ¡rábano!... ¡a usted! que sería capaz de tragarse, no digo yo este pico, sino la Casa de la Moneda enterita... D. Juan, D. Juan, sepa usted; si no lo sabe, que yo también tengo mi humanidad como cualquier hijo de vecino, que me intereso por el prójimo y hasta que favorezco a los que me aborrecen. Usted me odia, D. Juan, usted me detesta; no me lo niegue, porque no me puede pagar, esto es claro. Pues bien: para que vea usted de lo que soy capaz, se lo doy al cinco... ¡al cinco!

Y como el otro repitiera con la cabeza los signos negativos, Torquemada se desconcertó más, y alzando los brazos, con lo cual dicho se está que la capa fue a parar al suelo, soltó esta andanada:

—¡Tampoco al cinco!... Pues, hombre, menos que el cinco, ¡caracoles!... a no ser que quiera que le dé también la camisa que llevo puesta... ¿Cuándo se ha visto usted en otra?... [57] Pues no sé qué quiere el ángel de Dios... De esta hecha, me vuelvo loco. Para que vea, para que vea hasta dónde llega mi generosidad: se lo doy sin interés.

—Muchas gracias, amigo D. Francisco. No dudo de sus buenas intenciones. Pero ya nos hemos arreglado. Viendo que usted no contestaba, me fui a dar con un pariente, y tuve ánimos para contarle mi triste situación. ¡Ojalá lo hubiera hecho antes!

—Pues aviado está el pariente. Ya puede decir que ha hecho un pan como unas hostias... Con muchos negocios de esos... [58] En fin, usted no lo ha querido de mí, usted se lo pierde. Vaya diciendo ahora que no tengo buen corazón. Quien no lo tiene es usted...

—¿Yo? Esa sí que es salada [59].

—Sí, usted, usted —con despecho—. En fin, me las guillo, que me aguardan en otra parte donde hago muchísima falta, donde me están esperando como agua de mayo. Aquí estoy demás. Abur...

Despidióle D. Juan en la puerta, y Torquemada bajó la escalera refunfuñando: «No se puede tratar con gente mal agradecida. Voy a entenderme con aquellos pobrecitos... ¡Qué será de ellos sin mí!»

No tardó en llegar a la otra casa, donde le aguardaban con tanta ansiedad. Era en la calle de la Luna, edificio de buena apariencia, que albergaba en el principal a un aristócrata, más arriba familias modestas, y en el techo un enjambre de pobres. Torquemada recorrió el pasillo oscuro buscando una puerta. Los números de éstas eran inútiles, porque no se veían. La suerte fue que Isidora le sintió los pasos y abrió.

—¡Ah!, vivan los hombres de palabra. Pase, pase.

Hallóse D. Francisco dentro de una estancia, cuyo inclinado techo tocaba al piso por la parte contraria a la puerta; arriba un ventanón con algunos de sus vidrios rotos, tapados con trapos y papeles; el suelo de baldosín, cubierto a trechos de pedazos de alfombra; a un lado un baúl abierto, dos sillas, un anafre con lumbre; a otro una cama, sobre la cual, entre mantas y ropas diversas, medio vestido y medio abrigado, yacía un hombre como de treinta años, guapo, de barba puntiaguda, ojos grandes, frente hermosa, demacrado y con los pómulos ligeramente encendidos, en las sienes una depresión verdosa, y las orejas transparentes como la cera de los ex-votos que se cuelgan en los altares. Torquemada le miró sin contestar al saludo, y pensaba así: «El pobre está más tísico que la Traviatta [60]. ¡Lástima de muchacho! Tan buen pintor y tan mala cabeza... ¡Habría podido ganar tanto dinero!»

—Ya ve usted, D. Francisco, cómo estoy... con este catarrazo que no me quiere dejar. Siéntese... ¡Cuánto le agradezco su bondad!

—No hay que agradecer nada... Pues no faltaba más. ¿No nos manda Dios vestir a los enfermos, dar de beber al triste, visitar al desnudo... ¡Ay!, todo lo trabuco. ¡Qué cabeza!... Decía que para aliviar las desgracias estamos los hombres de corazón blando... sí, señor. —Miró las paredes del buhardillón, cubiertas en gran parte por multitud de estudios de paisajes, algunos con el cielo para abajo, clavados en la pared o arrimados a ella.— Bonitas cosas hay todavía por aquí.

—En cuanto suelte el constipado, voy a salir al campo —dijo el enfermo, los ojos iluminados por la fiebre—. ¡Tengo una idea, qué idea!... Creo que me pondré bueno dentro de ocho a diez días, si usted me socorre, D. Francisco; y en seguida al campo, al campo...

—Al camposanto es a donde tú vas prontito —pensó Torquemada; y luego en alta voz:

—Sí, eso es cuestión de ocho o diez días... nada más... Luego, saldrá usted por ahí... en un coche... ¿Sabe usted que la buhardilla es fresquecita?... ¡Caramba! Déjeme embozar en la capa.

—Pues asómbrese usted —dijo el enfermo incorporándose—. Aquí me he puesto algo mejor. Los últimos días que pasamos en el estudio... que se lo cuente a usted Isidora... estuve malísimo; como que nos asustamos, y...

Le entró tan fuerte golpe de tos que parecía que se ahogaba. Isidora acudió a incorporarle, levantando las almohadas. Los ojos del infeliz parecía que se saltaban; sus deshechos pulmones agitábanse trabajosamente como fuelles rotos que no pueden expeler ni aspirar el aire; crispaba los dedos, quedando al fin postrado y como sin vida. Isidora le enjugó el sudor de la frente, puso en orden la ropa que por ambos lados del angosto lecho se caía, y le dio a beber un calmante.

—¡Pero qué pasmo tan atroz he cogido!... —exclamó el artista al reponerse del acceso.

—Habla lo menos posible —le aconsejó Isidora—. Yo me entenderé con D. Francisco: verás cómo nos arreglamos. Este D. Francisco es más bueno de lo que parece: es un santo disfrazado de diablo, ¿verdad?

Al reírse mostró su dentadura incomparable, una de las pocas gracias que le quedaban en su decadencia triste. Torquemada, echándoselas de bondadoso, la hizo sentar a su lado y le puso la mano en el hombro, diciéndole:

—Ya lo creo que nos arreglaremos... Como que con usted se puede entender uno fácilmente; porque usted, Isidorita, no es como esas otras mujeronas que no tienen educación. Usted es una persona decente que ha venido a menos, y tiene todo el aquel de mujer fina, como hija neta de marqueses... Bien lo sé... y que le quitaron la posición que le corresponde, esos pillos de la curia.

—¡Ay, Jesús! —exclamó Isidora, exhalando en un suspiro todas las remembranzas tristes y alegres de su novelesco pasado—. No hablemos de eso... Pongámonos en la realidad. D. Francisco, ¿se ha hecho cargo de nuestra situación? A Martín le embargaron el estudio. Las deudas eran tantas, que no pudimos salvar más que lo que usted ve aquí. Después hemos tenido que empeñar toda su ropa y la mía para poder comer... No me queda más que lo puesto... ¡mire usted qué facha!, y a él nada, lo que ve usted sobre la cama. Necesitamos desempeñar lo preciso; tomar una habitacioncita más abrigada, la del tercero, que está con papeles; encender lumbre, comprar medicinas, poner siquiera un buen cocido todos los días... Un señor de la beneficencia domiciliaria me trajo ayer dos bonos, y me mandó ir allá, a donde está la oficina; pero tengo vergüenza de presentarme con esta facha... Los que hemos nacido en cierta posición, señor D. Francisco, por mucho que caigamos, nunca caemos hasta lo hondo... Pero vamos al caso: para todo eso que le he dicho, y para que Martín se reponga y pueda salir al campo, necesitamos tres mil reales... y no digo cuatro porque no se asuste. Es lo último. Sí, D. Francisquito de mi alma, y confiamos en su buen corazón...

—¡Tres mil reales! —dijo el usurero poniendo la cara de duda reflexiva que para los casos de benevolencia tenía; cara que era ya en él como una fórmula dilatoria, de las que se usan en diplomacia—. ¡Tres mil realetes!... Hija de mi alma, mire usted. —Y haciendo con los dedos pulgar e índice una perfecta rosquilla, se la presentó a Isidora, y prosiguió así—: No sé si podré disponer de los tres mil reales en el momento. De todos modos, me parece que podrían ustedes arreglarse con menos. Piénselo bien, y ajuste sus cuentas. Yo estoy decidido a protegerles y ayudarles para que mejoren de suerte... Llegaré hasta el sacrificio y hasta quitarme el pan de la boca para que ustedes maten el hambre; pero... pero reparen que debo mirar también por mis intereses...

—Pongamos el interés que quiera, D. Francisco —dijo con énfasis el enfermo, que por lo visto deseaba acabar pronto.

—No me refiero al materialismo del rédito del dinero, sino a mis intereses, claro, a mis intereses. Y doy por hecho que ustedes piensan pagarme algún día.

—Pues claro —replicaron a una Martín e Isidora.

Y Torquemada para su coleto: «El día del Juicio por la tarde me pagaréis: ya sé que éste es dinero perdido».

El enfermo se incorporó en su lecho, y con cierta exaltación dijo al prestamista:

—Amigo, ¿cree usted que mi tía, la que está en Puerto-Rico, ha de dejarme en esta situación cuando se entere? Ya estoy viendo la letra de cuatrocientos o quinientos pesos que me ha de mandar. Le escribí por el correo pasado.

—Como no te mande tu tía quinientos puñales—, pensó Torquemada. Y en voz alta:

—Y alguna garantía me han de dar ustedes también... digo, me parece que...

—¡Toma!, los estudios. Escoja los que quiera.

Echando en redondo una mirada pericial, Torquemada explanó su pensamiento en esta forma:

—Bueno, amigos míos: voy a decirles una cosa que les va a dejar turulatos. Me he compadecido de tanta miseria: yo no puedo ver una desgracia semejante sin acudir al instante a remediarla. ¡Ah!, ¿qué idea teníais de mí? Porque otra vez me debieron un pico y les apuré y les ahogué, ¿creen que soy de mármol? Tontos, era porque entonces les vi triunfando y gastando, y francamente, el dinero que yo gano con tanto afán no es para tirado en francachelas. No me conocéis, os aseguro que no me conocéis. Comparen la tiranía de esos chupones que les embargaron el estudio y os dejaron en cueros vivos; comparen eso, digo, con mi generosidad, y con este corazón tierno que me ha hado Dios... Soy tan bueno, tan bueno, que yo mismo me tengo que alabar y darme las gracias por el bien que hago. Pues verán qué golpe. Miren...

—Volvió a aparecer la rosquilla, acompañada de estas graves palabras—: Les voy a dar los tres mil reales, y se los voy a dar ahora mismo... pero no es eso lo más gordo, sino que se los voy a dar sin intereses... Qué tal, ¿es esto rasgo o no es rasgo?

—Don Francisco —exclamó Isidora con efusión—, déjeme que le dé un abrazo.

—Y yo le daré otro si viene acá —gritó el enfermo queriendo echarse de la cama.

—Sí, vengan todos los cariños que queráis —dijo el tacaño, dejándose abrazar por ambos—. Pero no me alaben mucho, porque estas acciones son deber de toda persona que mire por la Humanidad, y no tienen gran mérito... Abrácenme otra vez, como si fuera vuestro padre, y compadézcanme, que yo también lo necesito... En fin, que se me saltan las lágrimas si me descuido, porque soy tan compasivo... tan...

—Don Francisco de mis entretelas —declaró el tísico arropándose bien otra vez con aquellos andrajos—, es usted la persona más cristiana, más completa y más humanitaria que hay bajo el sol. Isidora, trae el tintero, la pluma y el papel sellado que compraste ayer, que voy a hacer un pagaré.

La otra le llevó lo pedido; y mientras el desgraciado joven escribía, Torquemada, meditabundo y con la frente apoyada en un solo dedo, fijaba en el suelo su mirar reflexivo. Al coger el documento que Isidora le presentaba, miró a sus deudores con expresión paternal, y echó el registro afeminado y dulzón de su voz para decirles:

—Hijos de mi alma, no me conocéis, repito que no me conocéis. Pensáis sin duda, que voy a guardarme este pagaré... Sois unos bobalicones. Cuando yo hago una obra de caridad, allá te va de veras, con el alma y con la vida. No os presto los tres mil reales, os los regalo, por vuestra linda cara. Mirad lo que hago: ras, ras...

Rompió el papel, Isidora y Martín lo creyeron porque lo estaban viendo, que si no, no lo hubieran creído.

—Eso se llama hombre cabal... D. Francisco, muchísimas gracias —dijo Isidora conmovida. Y el otro, tapándose la boca con las sábanas para contener el acceso de tos que se iniciaba:

—¡María Santísima, qué hombre tan bueno!

—Lo único que haré —dijo D. Francisco levantándose y examinando de cerca los cuadros— es aceptar un par de estudios, como recuerdo... Este de las montañas nevadas y aquél de los burros pastando...

Mire usted, Martín, también me llevaré, si le parece, aquella marinita y este puente con hiedra...

A Martín le había entrado el acceso y se asfixiaba. Isidora, acudiendo a auxiliarle, dirigió una mirada furtiva a las tablas y al escrutinio y elección que de ellas hacía el aprovechado prestamista.

—Los acepto como recuerdo —dijo éste apartándolos—; y si les parece bien, también me llevaré este otro... Una cosa tengo que advertirles: si temen que con las mudanzas se estropeen estas pinturas, llévenlas a casa, que allí las guardaré y pueden recogerlas el día que quieran... Vaya, ¿va pasando esa condenada tos? La semana que entra ya no toserá usted nada, pero nada. Irá usted al campo... allá por el puente de San Isidro... Pero ¡qué cabeza la mía...! se me olvidaba lo principal, que es darles los tres mil reales... Venga acá, Isidorita, entérese bien... Un billete de cien pesetas, otro, otro... —los iba contando y mojaba los dedos con saliva a cada billete, para que no se pegaran—. Setecientas pesetas... No tengo billete de cincuenta, hija. Otro día lo daré. Tienen ahí ciento cuarenta duros, o sea dos mil ochocientos reales... [61]

VIII

Al ver el dinero, Isidora casi lloraba de gusto, y el enfermo se animó tanto que parecía haber recobrado la salud. ¡Pobrecillos, estaban tan mal, habían pasado tan horribles escaseces y miserias! Dos años antes se conocieron en casa de un prestamista que a entrambos les desollaba vivos. Se confiaron su situación respectiva, se compadecieron y se amaron: aquella misma noche durmió Isidora en el estudio. El desgraciado artista y la mujer perdida hicieron el pacto de fundir sus miserias en una sola, y de ahogar sus penas en el dulce licor de una confianza enteramente conyugal. El amor les hizo llevadera la desgracia. Se casaron en el ara del amancebamiento, y a los dos días de unión, se querían de veras y hallábanse dispuestos a morirse juntos y a partir lo poco bueno y lo mucho malo que la vida pudiera traerles. Lucharon contra la pobreza, contra la usura, y sucumbieron sin dejar de quererse: él siempre amante, solícita y cariñosa ella, ejemplos ambos de abnegación, de esas altas virtudes que se esconden avergonzadas para que no las vean la ley y la religión, como el noble haraposo se esconde de sus iguales bien vestidos [62].

Volvió a abrazarles Torquemada, diciéndoles con melosa voz:

—Hijos míos, sed buenos y que os aproveche el ejemplo que os doy. Favoreced al pobre, amad al prójimo, y así como yo os he compadecido, compadecedme a mí, porque soy muy desgraciado.

—Ya sé —dijo Isidora, desprendiéndose de los brazos del avaro—, que tiene usted al niño malo. ¡Pobrecito! Verá usted cómo se le pone bueno ahora...

—¡Ahora! ¿Por qué ahora? —preguntó Torquemada con ansiedad muy viva.

—Pues... qué sé yo... Me parece que Dios le ha de favorecer, le ha de premiar sus buenas obras...

—¡Oh!, si mi hijo se muere —afirmó D. Francisco con desesperación—, no sé qué va a ser de mí.

—No hay que hablar de morirse —gritó el enfermo, a quien la posesión de los santos cuartos había despabilado y excitado cual si fuera una toma del estimulante más enérgico—. ¿Qué es eso de morirse? Aquí no se muere nadie. D. Francisco, el niño no se muere. Pues no faltaba más. ¿Qué tiene? ¿Meningitis? Yo tuve una muy fuerte a los diez años; y ya me daban por muerto, cuando entré en reacción y viví, y aquí me tiene usted dispuesto a llegar a viejo, y llegaré, porque lo que es el catarro, ahora lo largo. Vivirá el niño, D. Francisco, no tenga duda, vivirá.

—Vivirá —repitió Isidora—: yo se lo voy a pedir a la Virgencita del Carmen.

—Sí, hija, a la Virgen del Carmen —dijo Torquemada llevándose el pañuelo a los ojos—. Me parece muy bien. Cada uno empuje por su lado, a ver si entre todos...

El artista, loco de contento, quería comunicárselo al atribulado padre, y medio se echó de la cama para decirle:

—Don Francisco, no llore, que el chico vive... Me lo dice el corazón, me lo dice una voz secreta... Viviremos todos y seremos felices.

—¡Ay, hijo de mi alma! —exclamó el *Peor*; y abrazándole otra vez—: Dios le oiga a usted. ¡Qué consuelo tan grande me da!

—También usted nos ha consolado a nosotros, Dios se lo tiene que premiar, se lo tiene que premiar. Viviremos, sí, sí. Mire, mire: el día en que yo pueda salir, nos vamos todos al campo, el niño también de merienda. Isidora nos hará la comida, y pasaremos un día muy agradable, celebrando nuestro restablecimiento.

—Iremos, iremos —dijo el tacaño con efusión, olvidándose de lo que antes había pensado respecto al *campo* a que iría Martín muy pronto—. Sí, y nos divertiremos mucho, y daremos limosnas a todos los pobres que nos salgan... ¡Qué alivio siento en mi interior desde que he hecho ese beneficio!... No, no me lo alaben... Pues verán, se me ocurre que aún les puedo hacer otro mucho mayor.

—¿Cuál?... A ver, D. Francisquito.

—Pues se me ha ocurrido... no es idea de ahora, que la tengo hace tiempo... Se me ha ocurrido que si la Isidora conserva los papeles de su herencia y sucesión de la casa de Aransis, hemos de intentar sacar eso... [63]

Isidora le miró entre aturdida y asombrada.

—¿Otra vez eso? —fue lo único que dijo.

—Sí, sí, tiene razón D. Francisco —afirmó el pobre tísico, que estaba de buenas, entregándose con embriaguez a un loco optimismo—. Se intentará... Eso no puede quedar así.

—Tengo el recelo —añadió Torquemada— de que los que intervinieron en la acción la otra vez no anduvieron muy listos, o se vendieron a la marquesa vieja... Lo hemos de ver, lo hemos de ver.

—En cuantito que yo suelte el catarro. Isidora, mi ropa; ve al momento a traer mi ropa, que me quiero levantar... ¡Qué bien me siento ahora!... Me dan ganas de ponerme a pintar, D. Francisco. En cuanto el niño se levante de la cama, quiero hacerle el retrato.

—Gracias, gracias... sois muy buenos... los tres somos muy buenos, ¿verdad? Venga otro abrazo, y pedid a Dios por mí. Tengo que irme, porque estoy con una zozobra que no puedo vivir.

—Nada, nada, que el niño está mejor, que se salva —repitió el artista cada vez más exaltado—. Si le estoy viendo, si no me puedo equivocar.

Isidora se dispuso a salir, con parte del dinero, camino de la casa de préstamos; pero al pobre artista le acometió la tos y disnea con mayor fuerza, y tuvo que quedarse. D. Francisco se despidió con las expresiones más cariñosas que sabía, y cogiendo los cuadritos salió con ellos debajo de la capa. Por la escalera iba diciendo: «¡Vaya que es bueno ser bueno!... ¡Siento en mi interior una cosa, un consuelo...! ¡Si tendrá razón Martín! ¡Si se me pondrá bueno aquel pedazo de mi vida!... Vamos corriendo allá. No me fío, no me fío. Este botarate tiene las ilusiones de los tísicos en último grado. Pero ¡quién sabe! se engaña de seguro respecto a sí mismo, y acierta en lo demás. A donde él va pronto es al nicho... Pero los moribundos suelen tener doble vista, y puede que haya *visto* la mejoría de Valentín... voy corriendo, corriendo. ¡Cuánto me estorban estos malditos cuadros! ¡No dirán ahora que soy tirano y judío, pues rasgos de éstos entran pocos en libra! [64] No me dirán que me cobro en pinturas, pues por estos apuntes, en venta, no me darían ni la mitad de lo que yo di. Verdad que si se muere valdrán más, porque aquí, cuando un artista está vivo, nadie le hace maldito caso, y en cuanto se muere de miseria o de cansancio,

le ponen en las nubes, le llaman genio y qué sé yo qué... Me parece
que no llego nunca a mi casa. ¡Qué lejos está, estando tan cerca!

Subió de tres en tres los peldaños de la escalera de su casa, y le
abrió la puerta la tía Roma, disparándole a boca de jarro estas palabras:
«Señor, el niño parece que está un poquito más tranquilo». Oirlo
D. Francisco y soltar los cuadros y abrazar a la vieja, fue todo uno.
La trapera lloraba y el *Peor* le dio tres besos en la frente. Después fue
derechito a la alcoba del enfermo y miró desde la puerta. Rufina se
abalanzó hacia él para decirle:

—Está desde el medio día más sosegadito... ¿Ves? Parece que
duerme el ángel. Quién sabe... Puede que se salve. Pero no me atrevo
a tener esperanzas, no sea que las perdamos esta tarde.

Torquemada no cabía en sí de sobresalto y ansiedad. Estaba el
hombre con los nervios tirantes, sin poder permanecer quieto ni un
momento, tan pronto con ganas de echarse a llorar como de soltar la
risa. Iba y venía del comedor a la puerta de la alcoba, de ésta a su
despacho, y del despacho al gabinete. En una de estas volteretas, llamó
a la tía Roma, y metiéndose con ella en la alcoba la hizo sentar, y
le dijo:

—Tía Roma, ¿crees tú que se salva el niño?

—Señor, será lo que Dios quiera, y nada más. Yo se lo he pedido
anoche y esta mañana a la Virgen del Carmen, con tanta devoción que
más no puede ser, llorando a moco y baba. ¿No me ve cómo tengo
los ojos?

—¿Y crees tú...?

—Yo tengo esperanza, señor. Mientras no sea cadáver, esperanzas
ha de haber, aunque digan los médicos lo que dijeren. Si la Virgen
lo manda, los médicos se van a hacer puñales [65]. Otra: anoche me
quedé dormida rezando, y me pareció que la Virgen bajaba hasta
delantito de mí y que me decía que sí con la cabeza... Otra, ¿no ha
rezado usted?

—Sí, mujer; ¡qué preguntas haces! Voy a decirte una cosa impor-
tante. Verás.

Abrió un vargueño, en cuyos cajoncillos guardaba papeles y alhajas
de gran valor que habían ido a sus manos en garantía de préstamos
usurarios; algunas no eran todavía suyas, otras sí. Un rato estuvo
abriendo estuches, y a la tía Roma, que jamás había visto cosa seme-

jante, se le encandilaban los ojos de pez con los resplandores que de las cajas salían. Eran, según ella, esmeraldas como nueces, diamantes que arrojaban pálidos rayos, rubíes como pepitas de granada, y oro finísimo, oro de la mejor ley, que valía cientos de miles. Torquemada, después de abrir y cerrar estuches, encontró lo que buscaba: una perla enorme, del tamaño de una avellana, de hermosísimo oriente; y cogiéndola entre los dedos la mostró a la vieja.

—¿Qué te parece esta perla, tía Roma?

—Bonita de veras. Yo no lo entiendo. Valdrá miles de millones. ¿Verdá usté?

—Pues esta perla —dijo Torquemada en tono triunfal— es para la señora Virgen del Carmen. Para ella es, si pone bueno a mi hijo. Te la enseño, y pongo en tu conocimiento la intención, para que se lo digas. Si se lo digo yo, de seguro no me lo cree.

—D. Francisco (mirándole con profunda lástima), usted está malo de la jícara. Dígame, por su vida, ¿para qué quiere ese requilorio la Virgen del Carmen?

—Toma, para que se lo pongan el día de su santo, el 16 de Julio. ¡Pues no estará poco maja con esto! Fue regalo de boda de la excelentísima señora marquesa de Tellería. Créelo, como ésta hay pocas.

—Pero D. Francisco, ¡usted piensa que la Virgen le va a conceder...! paice bobo... ¡por ese piazo de cualquier cosa! [66]

—Mira qué oriente. Se puede hacer un alfiler y ponérselo a ella en el pecho, o al Niño.

—¡Un rayo! ¡Valiente caso hace la Virgen de perlas y pindonguerías!... Créame a mí: véndala y dele a los pobres el dinero.

—Mira tú, no es mala idea —dijo el tacaño guardando la joya—. Tú sabes mucho. Seguiré tu consejo, aunque, si he de serte franco, eso de dar a los pobres viene a ser una tontería, porque cuanto les das se lo gastan en aguardiente. Pero ya lo arreglaremos de modo que el dinero de la perla no vaya a parar a las tabernas... Y ahora quiero hablarte de otra cosa. Pon muchísima atención: ¿te acuerdas de cuando mi hija, paseando una tarde por las afueras con Quevedo y las de Morejón, fue a dar allá, por donde tú vives, hacia los Tejares del Aragonés, y entró en tu choza y vino contándome, horrorizada, la pobreza y escasez que allí vio? ¿Te acuerdas de eso? Contóme Rufina que tu vivienda es un cubil, una inmundicia hecha con adobes, tablas viejas y planchas de hierro, el techo de paja y tierra; me dijo que ni tú ni tus nietos tenéis cama, y dormís sobre un montón de trapos; que los cerdos y las gallinas que criáis con la basura son allí las personas, y vosotros los animales. Sí, Rufina me contó esto, y yo debí tenerte lástima y no te la tuve. Debí regalarte una cama, pues nos has servido bien; querías mucho a mi mujer, quieres a mis hijos, y en tantos años que entras aquí, jamás nos has robado ni el valor de un triste clavo. Pues bien, si entonces no se me pasó por la cabeza socorrerte, ahora sí.

Diciendo esto, se aproximó al lecho y dio en él un fuerte palmetazo con ambas manos, como el que se suele dar para sacudir los colchones al hacer las camas.

—Tía Roma, ven acá, toca aquí. Mira qué blandura. ¿Ves este colchón de lana encima de un colchón de muelles? Pues es para ti, para ti, para ti, para que descanses tus huesos duros y te espatarres a tus anchas.

Esperaba el tacaño una explosión de gratitud por dádiva tan espléndida, y ya le parecía estar oyendo las bendiciones de la tía Roma, cuando ésta salió por un registro muy diferente. Su cara telarañosa se dilató, y de aquellas úlceras con vista que se abrían en el lugar de los ojos, salió un resplandor de azoramiento y susto, mientras volvía la espalda al lecho, dirigiéndose hacia la puerta.

—Quite, quite allá —dijo—, vaya con lo que se le ocurre... ¡Darme a mí los colchones, que tan siquiera caben por la puerta de mi casa!... Y aunque cupieran... ¡rayo! A cuenta que he vivido tantísimos años durmiendo en duro como una reina [67], y en estas blanduras no pegaría los ojos. Dios me libre de tenderme ahí. ¿Sabe lo que le digo? Que quiero morirme en paz. Cuando venga la de la cara fea me encontrará sin una mota [68], pero con la conciencia como los chorros de la plata. No, no quiero los colchones, que dentro de ellos está su idea... porque aquí duerme usted, y por la noche, cuando se pone a cavilar, las ideas se meten por la tela adentro y por los muelles, y ahí estarán como las chinches cuando no hay limpieza. ¡Rayo con el hombre, y la que me quería encajar!... [69]

Accionaba la viejecilla de una manera gráfica, expresando tan bien, con el mover de las manos y de los flexibles dedos, cómo la cama del tacaño se contaminaba de sus ruines pensamientos, que Torquemada la oía con verdadero furor, asombrado de tanta ingratitud; pero ella, firme y arisca, continuó despreciando el regalo:

—Pos vaya un premio gordo que me caía, Santo Dios... ¡Pa que yo durmiera en eso! Ni que estuviera boba, D. Francisco. ¡Pa que a media noche me salga toda la gusanera de las ideas de usted, y se me meta por los oídos y por los ojos, volviéndome loca y dándome una mala muerte...! Porque, bien lo sé yo... a mí no me la da usted... ahí dentro, ahí dentro, están todos sus pecados, la guerra que le hace al pobre, su tacañería, los réditos que mama, y todos los números que le andan por la sesera para ajuntar dinero... Si yo me durmiera ahí, a la hora de la muerte me saldrían por un lado y por otros unos sapos con la boca muy grande, unos culebrones asquerosos que se me enroscarían en el cuerpo, unos diablos muy feos con bigotazos y con orejas de murciélago, y me cogerían entre todos para llevarme arrastras a los infiernos. Váyase al rayo, y guárdese sus colchones, que yo tengo un camastro hecho de sacos de trapo, con una manta por encima, que es la gloria divina... Ya lo quisiera usted... Aquello sí que es rico para dormir a pierna suelta...

—Pues dámelo, dámelo, tía Roma —dijo el avaro con aflicción—. Si mi hijo se salva, me comprometo a dormir en él lo que me queda de vida, y a no comer más que las bazofias que tú comes.

—A buenas horas y con sol. Usted quiere ahora poner un puño en el cielo. ¡Ay!, señor, a cada paje su ropaje [70]. A usted le sienta eso como a la burra las arracadas. Y todo ello es porque está afligido; pero si se pone bueno el niño, volverá usted a ser más malo que Holofernes [71]. Mire que ya va para viejo; mire que el mejor día se le pone delante la de la cara pelada, y a ésa sí que no le da usted el timo.

—¿Pero de dónde sacas tú, estampa de la basura —replicó Torquemada con ira, agarrándola por el pescuezo y sacudiéndola—, de dónde sacas tú que yo soy malo, ni lo he sido nunca?

—Déjeme, suélteme, no me menee, que no soy ninguna pandereta. Mire que soy más vieja que Jerusalén [72], y he visto mucho mundo, y le conozco a usted desde que se quiso casar con la Silvia. Y bien le aconsejé a ella que no se casara... y bien le anuncié las hambres que había de pasar... Ahora que está rico no se acuerda de cuando empezaba a ganarlo. Yo sí me acuerdo, y me paice que fue ayer cuando le contaba los garbanzos a la cuitada de Silvia, y todo lo tenía usted bajo llave, y la pobre estaba descomida, trashijada y ladrando de hambre. Como que si no es por mí, que le traía algún huevo de ocultis, se hubiera muerto cien veces. ¿Se acuerda de cuando se levantaba usted a media noche para registrar la cocina a ver si descubría algo de condumio, que la Silvia hubiera escondido para comérselo sola? ¿Se acuerda de cuando encontró un pedazo de jamón en dulce y un medio pastel que me dieron a mí en casa de la marquesa, y que yo le traje a la Silvia para que se lo zampara ella sola, sin darle a usted ni tanto así? ¿Recuerda que al otro día estaba usted hecho un león, y que cuando entré, me tiró al suelo y me estuvo pateando? Y yo no me enfadé, y volví, y todos los días le traía algo a la Silvia. Como usted era el que iba a la compra, no le podíamos sisar, y la infeliz no tenía una triste chambra que ponerse. Era una mártira, D. Francisco, una mártira; ¡y usted guardando el dinero y dándolo a peseta por duro al mes![73] Y mientras tanto, no comían más que mojama cruda con pan seco y ensalada. Gracias que yo partía con ustedes lo que me daban en las casas ricas, y una noche, ¿se acuerda? traje un hueso de jabalí, que lo estuvo usted echando en el puchero seis días seguidos, hasta que se quedó más seco que su alma puñalera. Yo no tenía obligación de traer nada: lo hacía por la Silvia, a quien cogí en brazos cuando nació de señá Rufinica, la del callejón del Perro. Y lo que a usted le ponía furioso era que yo le guardase las cosas a ella y no se las diera a usted, ¡un rayo! Como si yo tuviera obligación de llenarle a usted el buche, perro, más que perro... Y dígame ahora, ¿me ha dado alguna vez el valor de un real? Ella sí me daba lo que podía, a la chita callando[74]; pero usted, el muy capigorrón[75], ¿qué me ha dado? Clavos torcidos, y las barreduras de la casa. ¡Véngase ahora con jipíos y farsa!... Valiente caso le van a hacer.

—Mira, vieja de todos los demonios —le dijo Torquemada furioso—, por respeto a tu edad no te reviento de una patada. Eres una embustera, una diabla, con todo el cuerpo lleno de mentiras y enredos. Ahora te da por desacreditarme, después de haber estado más de veinte años comiendo mi pan. ¡Pero si te conozco, zurrón de veneno; si eso que has dicho, nadie te lo va a creer, ni arriba ni abajo! El demonio está contigo, y maldita tú eres entre todas las brujas y esperpentos que hay en el cielo... digo, en el infierno.

IX

Estaba el hombre fuera de sí, delirante; y sin echar de ver que la vieja se había largado a buen paso de la habitación, siguió hablando como si delante la tuviera. «Espantajo, madre de las telarañas, si te cojo, verás... ¡Desacreditarme así!» Iba de una parte a otra en la estrecha alcoba, y de ésta al gabinete, cual si le persiguieran sombras; daba cabezadas contra la pared, algunas tan fuertes que resonaban en toda la casa.

Caía la tarde, y la oscuridad reinaba ya en torno del infeliz tacaño, cuando éste oyó claro y distinto el grito de pavo real que Valentín daba en el paroxismo de su altísima fiebre.

—¡Y decían que estaba mejor!... Hijo de mi alma... Nos han vendido, nos han engañado.

Rufina entró llorando en la estancia de la fiera, y le dijo:

—¡Ay, papá, qué malito se ha puesto! pero ¡qué malito!

—¡Ese trasto de Quevedo! —gritó Torquemada llevándose un puño a la boca y mordiéndoselo con rabia—. Le voy a sacar las entrañas... El nos le ha matado.

—Papá, por Dios, no seas así... No te rebeles contra la voluntad de Dios... Si El lo dispone...

—Yo no me rebelo, ¡puñales!, yo no me rebelo. Es que no quiero, no quiero dar a mi hijo, porque es mío, sangre de mi sangre y hueso de mis huesos...

—Resígnate, resígnate, y tengamos conformidad —exclamó la hija, hecha un mar de lágrimas.

—No puedo, no me da la gana de resignarme. Esto es un robo... Envidia, pura envidia. ¿Qué tiene que hacer Valentín en el cielo? Nada, digan lo que dijeren, pero nada... Dios, ¡cuánta mentira, cuánto embuste! Que si cielo, que si infierno, que si Dios, que si diablo, que si... tres mil rábanos. ¡Y la muerte, esa muy pindonga de la muerte, que no se acuerda de tanto pillo, de tanto farsante, de tanto imbécil, y se le antoja mi niño, por ser lo mejor que hay en el mundo!... Todo está mal, y el mundo es un asco, una grandísima porquería.

Rufina se fue y entró Bailón; trayéndose una cara muy compungida. Venía de ver al enfermito, que estaba ya agonizando, rodeado de algunas vecinas y amigos de la casa. Disponíase el clerizonte a confortar al afligido padre en aquel trance doloroso, y empezó por darle un abrazo, diciéndole con empañada voz:

—Valor, amigo mío, valor. En estos casos se conocen las almas fuertes. Acuérdese usted de aquel gran filósofo que espiró en una cruz dejando consagrados los principios de la humanidad.

—¡Qué principios ni qué...! ¿Quiere usted marcharse de aquí, so chinche?... Vaya que es de lo más pelmazo y cargante y apestoso que he visto. Siempre que estoy angustiado me sale con esos retruécanos.

—Amigo mío, mucha calma. Ante los designios de la Naturaleza, de la Humanidad, del gran Todo, ¿qué puede el hombre? ¡El hombre!, esa hormiga; menos aún, esa pulga... todavía mucho menos.

—Ese coquito... menos aún, ese... ¡puñales! —agregó Torquemada con sarcasmo horrible, remedando la voz de la sibila y enarbolando después el puño cerrado—. Si no se calla le rompo la cara... Lo mismo me da a mí el grandísimo todo que la grandísima nada y el muy piojoso que la inventó. Déjeme, suélteme, por la condenada alma de su madre, o...

Entró Rufina otra vez, traída por dos amigas suyas, para apartarla del tristísimo espectáculo de la alcoba. La pobre joven no podía sostenerse. Cayó de rodillas exhalando gemidos, y al ver a su padre forcejeando con Bailón, le dijo:

—Papá, por Dios, no te pongas así. Resígnate... yo estoy resignada, ¿no me ves?... El pobrecito... cuando yo entré... tuvo un instante ¡ay! en que recobró el conocimiento. Habló en voz clara, y dijo que veía a los ángeles que le estaban llamando.

—¡Hijo de mi alma, hijo de mi vida! —gritó Torquemada con toda la fuerza de sus pulmones, hecho un salvaje, un demente—, no vayas, no hagas caso; que ésos son unos pillos que te quieren engañar... Quédate con nosotros...

Dicho esto, cayó redondo al suelo, estiró una pierna, contrajo la otra y un brazo. Bailón, con toda su fuerza, no podía sujetarle, pues desarrollaba un vigor muscular inverosímil. Al propio tiempo soltaba de su fruncida boca un rugido feroz y espumarajos. Las contracciones de las extremidades y el pataleo eran en verdad horrible espectáculo: se clavaba las uñas en el cuello hasta hacerse sangre. Así estuvo largo rato, sujetado por Bailón y el carnicero, mientras Rufina, transida de dolor, pero en sus cinco sentidos, era consolada y atendida por Quevedito y el fotógrafo. Llenóse la casa de vecinos y amigos, que en tales trances suelen acudir compadecidos y serviciales. Por fin tuvo término el patatús de Torquemada, y caído en profundo sopor que a la misma muerte, por lo quieto, se asemejaba, le cargaron entre cuatro y le arrojaron en su lecho. La tía Roma, por acuerdo de Quevedito, le daba friegas con un cepillo, rasca que te rasca, como si le estuviera sacando lustre.

Valentín había espirado ya. Su hermana, que quieras que no [76], allá se fue, le dio mil besos, y, ayudada de las amigas, se dispuso a cumplir los últimos deberes con el pobre niño. Era valiente, mucho más valiente que su padre, el cual, cuando volvió en sí de aquel tremendo síncope, y pudo enterarse de la completa extinción de sus esperanzas, cayó en profundísimo abatimiento físico y moral. Lloraba en silencio, y daba unos suspiros que se oían en toda la casa. Transcurrido un buen rato, pidió que le llevaran café con media tostada, porque sentía debilidad horrible. La pérdida absoluta de la esperanza le trajo la sedación nerviosa, y la sedación, estímulos apremiantes de reparar el fatigado organismo. A media noche fue preciso administrarle un substancioso potingue, que fabricaron la hermana del fotógrafo de arriba y la mujer del carnicero de abajo, con huevos, jerez y caldo de puchero. «No sé que me pasa —decía el *Peor*—, pero ello es que parece que se me quiere ir la vida». El suspirar hondo y el llanto comprimido le duraron hasta cerca del día, hora en que fue atacado de un nuevo paroxismo de dolor, diciendo que quería ver a su hijo, *resucitarle, costara lo que costase;* e intentaba salirse del lecho, contra los combinados esfuerzos de Bailón, del carnicero y de los demás amigos que contenerle y calmarle querían. Por fin lograron que se estuviera quieto, resultado en que no tuvieron poca parte las filosóficas amonestaciones del clerigucho, y las sabias cosas que echó por aquella boca el carnicero, hombre de pocas letras, pero muy buen cristiano. «Tienen razón —dijo D. Francisco, agobiado y sin aliento—. ¿Qué remedio queda más que conformarse? ¡Conformarse! Es un viaje para el que no se necesitan alforjas. Vean de qué le vale a uno ser más bueno que el pan, y sacrificarse por los desgraciados, y hacer bien a los que no nos pueden ver ni en pintura... [77] Total, que lo que pensaba emplear en favorecer a cuatro pillos... ¡mal empleado dinero, que había de ir a parar a las tabernas, a los garitos y a las casas de empeño!... digo que esos dinerales los voy a gastar en hacerle a mi hijo del alma, a esa gloria, a ese prodigio que no parecía de este mundo, el entierro más lucido que en Madrid se haya visto. ¡Ay, qué hijo! ¿No es dolor que me le hayan quitado? Aquello no era un hijo, era un diosesito que engendramos a medias el Padre Eterno y yo... ¿No creen ustedes que debo hacerle un entierro magnífico? Ea, ya es de día. Que me traigan muestras de carros fúnebres... y vengan papeletas negras para convidar a todos los profesores.

Con estos proyectos de vanidad, excitóse el hombre, y a eso de las nueve de la mañana, levantado y vestido, daba sus disposiciones con aplomo y serenidad. Almorzó bien; recibía a cuantos amigos llegaban a verle, y a todos los endilgaba la consabida historia: «Conformidad... ¡Qué le hemos de hacer!... Está visto: lo mismo da que usted se vuelva santo que se vuelva usted Judas, para el caso de que le escuchen y le tengan misericordia... ¡Ah, misericordia!... Lindo anzuelo sin cebo para que se lo traguen los tontos».

Y se hizo el lujoso entierro, y acudió a él mucha y lucida gente, lo que fue para Torquemada motivo de satisfacción y orgullo, único bálsamo de su hondísima pena. Aquella lúgubre tarde, después que se llevaron el cadáver del admirable niño, ocurrieron en la casa escenas lastimosas. Rufina, que iba y venía sin consuelo, vio a su padre salir del comedor con todo el bigote blanco, y se espantó creyendo que en un instante se había llenado de canas. Lo ocurrido fue la siguiente: fuera de sí, y acometido de un espasmo de tribulación, el inconsolable padre fue al comedor y descolgó el encerado en que estaban aún escritos los problemas matemáticos; y tomándolo por retrato que fielmente le reproducía las facciones del adorado hijo, estuvo larguísimo rato dando besos sobre la fría tela negra, y estrujándose la cara contra ella, con lo que la tiza se le pegó al bigote mojado de lágrimas, y el infeliz usurero parecía haber envejecido súbitamente. Todos los presentes se maravillaron de esto, y hasta se echaron a llorar. Llevóse D. Francisco a su cuarto el encerado, y encargó a un dorador un marco de todo lujo para ponérselo, y colgarlo en el mejor sitio de aquella estancia.

Al día siguiente, el hombre fue acometido, desde que abrió los ojos, de la fiebre de los negocios terrenos. Como la señorita había quedado muy quebrantada por los insomnios y el dolor, no podía atender a las cosas de la casa: la asistenta y la incansable tía Roma la sustituyeron hasta donde sustituirla era posible. Y he aquí que cuando la tía Roma entró a llevarle el chocolate al gran inquisidor, ya estaba éste en planta, sentado a la mesa de su despacho, escribiendo números con mano febril. Y como la bruja aquella tenía tanta confianza con el señor de la casa, permitiéndose tratarle como a igual, se llegó a él, le puso sobre el hombro su descarnada y fría mano, y le dijo:

—Nunca aprende... Ya está otra vez preparando los trastos de ahorcar. Mala muerte va usted a tener, condenado de Dios, si no se enmienda.

Y Torquemada arrojó sobre ella una mirada que resultaba enteramente amarilla, por ser en él de este color lo que en los demás humanos ojos es blanco, y le respondió de esta manera:

—Yo hago lo que me da mi santísima gana, so mamarracho, vieja más vieja que la Biblia. Lucido estaría si consultara con tu necedad lo que debo hacer... —Contemplando un momento el encerado de las matemáticas, exhaló un suspiro y prosiguió así—: Si preparo los trastos, eso no es cuenta tuya ni de nadie, que yo me sé cuanto hay que saber de tejas abajo y aun de tejas arriba[78], ¡puñales! Ya sé que me vas a salir con el materialismo de la misericordia... A eso te respondo que si buenos memoriales eché, buenas y gordas calabazas me dieron. La misericordia que yo tenga ¡...ñales! que me la claven en la frente[79].

Madrid, Febrero de 1889

FIN DE LA NOVELA

NOTES

1. **caso muy ejemplar.** The words *ejemplar, enseñanza, aviso* and *escarmiento* coming at the end of this opening paragraph leave the reader in no doubt that he is being presented with a traditional exemplary novel in which the example is that of a vice to be avoided. In his early and more explicitly didactic novels Galdós had regularly included a *moraleja* (see especially the final paragraphs of *Doña Perfecta* and *La desheredada*) but in the major works which immediately preceded *Torquemada* the doctrinaire element played a much smaller part.

2. **por lo que de él ... Torquemada el Peor.** Some contemporary historians refer to him as «*el Peor*» because they consider him more cruel than his famous predecessor, Tomás de Torquemada (1420-98), a Dominican monk whom Isabel la Católica appointed first as her confessor and later as Inquisitor-General, and who established a reputation for extreme severity. An account of the earlier appearances of Francisco Torquemada and his family in the novels of Galdós is given in the Introduction.

3. **cesantía.** «El cesante, esto es, el empleado público echado a la calle por el advenimiento al poder del partido opuesto, fue una triste figura en las páginas de las revistas satíricas y una tristísima realidad en la sociedad española de la Restauración» (Vicens Vives: *Historia social y económica de España*, Vol. V).

Cesantía was a natural consequence of the «turno pacífico», the political system devised by Cánovas del Castillo after the Restoration (see Introduction). As the only justification of the system was that it would prevent restlessness and discontent among the politicians it was important that each party in turn should be able to dispose of patronage, and the only worthwhile reward for the ordinary rank and file member was a job in the Civil Service. To find the required number of jobs it was neccessary to create vacancies by mass dismissals and in this way was born the *cesante*, the «redundant» employee who had lost his job for no other reason except that someone else had to have it. The tragic effect of such a dismissal is movingly described by Galdós in his novel *Miau* in which Villaamil, the dedicated if dull civil servant, is finally driven to suicide by the hopelessness of his plight.

4. **es Torquemada el habilitado ... tramposos y embusteros.** The *Novelas españolas contemporáneas* contain many characters like those listed here as the typical victims of the moneylender, e.g. Rosalía de Bringas, the «mujercita que da tés», Federico Viera (in *Realidad)*, the man «de más necesidades que posibles», and Villaamil (in *Miau*), «ávido de la nómina tras larga cesantía».

5. **doña Silvia.** The «excelentes prendas y circunstancias» referred to ironically here were not limited to housekeeping. In *Fortunata y Jacinta* one reads this account of Torquemada's wife: «La esposa de Torquemada estaba hecha tan a semejanza de éste, que doña Lupe [see Note 10 below] la oía y la trataba como al propio don Francisco... Era hombruna, descarada, y cuando se ponía en jarras hacía temblar a medio mundo. Más de una vez aguardó en la calle a un acreedor, con acecho de asesino apostado, para insultarle sin piedad delante de la gente que pasaba. A esto no llegó la de Jáuregui (doña Lupe), porque tenía ciertas delicadezas de índole y de educación que

se sobreponían a sus enconos de usurera. Pero si fueron juntas alguna vez a la casa de una infeliz señora viuda que les debía dinero, y después de apremiarla inútilmente para que les pagara, echaron miradas codiciosas hacia los muebles.»

6. **Como Moisés, tantísimas horas con los brazos levantados al cielo.** See Exodus xvii. 8-13 for an account of the battle between Amalek and Israel. «And it came to pass, when Moses held up his hand, that Israel prevailed; and when he let down his hand, Amalek prevailed ... and Aaron and Hur stayed up his hands, the one on the one side, and the other on the other side; and his hands were steady until the going down of the sun».

7. **una época que arranca de la desamortización,** «the period which begins with the disentailment». See Introduction.

8. **pasito a paso y a codazo limpio, se habían ido metiendo en la clase media,** «little by little and through their own vigorous efforts they had elbowed their way into the middle class» *(codazo limpio,* a stout nudge). The comments which follow on the middle class echo the views expressed implicitly or explicitly in other novels by Galdós; the value of the *pueblo* as an invigorating element in the community was a very firmly held belief and one that found open expression in *Fortunata y Jacinta* where Fortunata, the girl from the *pueblo,* is represented as fertile in contrast to Jacinta, the middleclass girl, who is barren.

9. **aquello se me parecía a la entrada de los liberales.** The policies of the liberals did not differ greatly from those of the conservatives and Galdós ironically compares their revolutionary changes with the minor alterations made by Rufina, superficial items which did not essentially alter the character of the family.

10. **doña Lupe, la de los pavos.** A formidable character in *Fortunata y Jacinta.* A widow, her husband had been a friend of Torquemada when they were both in the army, and now she followed his advice in all financial matters. So sound was this that soon she became a moneylender too. She was the aunt and guardian of Maxi, the weakling who married Fortunata.

11. **no le hablaran a él de bajar...** One should probably understand some phrase like «era preciso que» interposed between «no» and «le»: *No era preciso que le hablaran a él.* «There was never any need for them to talk to him about going down to the street».

12. **como Cristo niño entre los doctores.** See Luke ii. 46, 47. «And it came to pass, that after three days they found him in the temple, sitting in the midst of the doctors, both hearing them and asking them questions. And all that heard him were astonished at his understanding and answers.» The Veronese painting of this Biblical scene hangs in the Prado.

13. **la de Bringas.** See Note 3. Galdós would remember only too clearly what favour Rosalía de Bringas had gone to ask of Torquemada. An empty-headed and frivolous woman, Rosalía had got herself into debt through her efforts to keep up with wealthier friends and neighbours who lived with her in the Royal Palace and, in the end, was driven to Torquemada. It was his merciless insistence on repayment on the agreed date that brought about her «escarmiento»: to get the money she had to swallow her pride and go to a despised acquaintance who ignored the hollow pretensions of society and who made her listen to bitter home-truths before she handed over the money. As a final irony, hardly had she escaped from the clutches of Torquemada when the Revolution of 1868, «*La Gloriosa*», brought the downfall of Isabel II and the end of the society which had demanded so high a price from her.

14. **un don José Bailón.** There is probably conscious irony in the name chosen by Galdós for Torquemada's spiritual adviser. In *germanía*, or thieves' slang, *bailón* means «ladrón viejo», but, at the same time, San Pascual Baylón was a saint popularly venerated among the people. San Pascual Baylón (1540-92), a humble shepherd practising a life of austerity and prayerfulness, was told in a vision that he should enter a Franciscan monastery. There he became especially devoted to the cult of the Blessed Sacrament. He was canonized in 1690 and in 1897 was named by Pope Leo XIII as patron of Eucharistic Congresses and Associations. He is usually depicted in an act of adoration before the Host.

15. **tremendas catilinarias,** «violent diatribes», such as that delivered in the Roman Senate (63 B.C.) against L. Sergius Catilina who had hoped to take over the government by force when defeated in the consular elections.

16. **sólo por el arrastrado garbanzo,** «only because it got him a meal»: the *garbanzo* or «chickpea» was, and is, the staple diet of the poorer classes of Spain. *Arrastrado* is a popular expression meaning much the same as *maldito*.

17. **aquella gentil pareja, D. Horacio y doña Malvina.** This couple and their «evangelical establishment» feature in an incident in *Fortunata y Jacinta*. Finding Mauricia *la dura*, hardened prostitute and one-time companion of Fortunata, down and out on the street, they had taken her in. But doña Guillermina, «la santa», had no intention of allowing anyone, least of all a Protestant, to usurp her position as dispenser of charity and rescuer of fallen women and she demanded that Mauricia be handed over. She then had her admitted to Las Micaelas, a grim and forbidding reformatory in which Fortunata also spent some time, where she met none of the kindness and sympathy she would have received from the English Protestants.

18. **de muchísima sal para,** «with a great liking or talent for». The more usual figurative meaning of *sal* is «wit», «quickness of mind» or «elegance».

19. **Víctor Manuel.** Victor Emmanuel II, king of Italy from 1860 to 1878, was, with his minister Cavour, the main creator of a unified Italy. He wore a thick, bushy beard and curling moustaches.

20. **metiéronle mano y le tuvieron en el Saladero,** «they arrested him and held him in the Madrid jail». The jail was socalled because it was built on a site previously occupied by a factory for salting pork.

21. **Era más bien un Dante echado a perder.** «Rather did he resemble a Dante who had deteriorated, gone to seed.» Portraits of Dante reveal him as a man with a gaunt, clean-shaven face and a prominent nose and chin.

22. **la sibila de Cumas.** The name Sybil was given to several women who were supposed to have the gift of prophecy. The most famous was the Sybil of Cumae who was consulted by Aeneas before he made his descent into the Underworld. She is also by tradition the one who offered the Sybilline books, which contained the revelation of all the mysteries, to Tarquin, king of Rome in the sixth century B.C. Michelangelo, perhaps influenced by Dante, included sybils in the part of his *Last Judgment* which represents the Underworld.

23. **con mucho aquél.** Roughly equivalent to the English «it», an indefinable quality of charm.

24. **la democracia sentimental, a estilo de Jeremías, tuvo también sus quince.** «Tener sus quince» has two meanings. It can mean «to be young», and it can also mean «to hold a winning hand at cards». Here the phrase seems to mean that democracy, inspired by emotional ideals and proclaimed in awesome and oracular style, once had its vogue. The most common theme in the Old Testament Lamentations of Jeremiah

is the agony of the people, apparently deserted by God, and the hope that He will eventually restore a humbled and repentant Israel.

25. **para salir luego por este registro,** «to change immediately to this tune.» *Salir por uno u otro registro* means «unexpectedly or suddenly to change the subject». Bailón wrote some passages in «parrafitos cortos» but would then change suddenly into the high-sounding pseudo-Biblical language, examples of which are given in the lines which follow, or into a style derived from the popular ballad. The only effect of this curious amalgam of styles was to drive the reader into a lunatic asylum. *Leganés*, in the time of Galdós a small village near the city, now a district within the city, gave its name to the lunatic asylum built there.

26. **como que tenía la olla asegurada ... a cuatro silbantes.** Both «*olla*» and «*caldo*» here refer to «livelihood». Bailón, having now a comfortable and safe income, had no intention of risking his skin for the benefit of a gang of idlers.

27. The «religious» doctrines expounded by Bailón are a meaningless hotch-potch of some of the philosophical ideas he had picked up during his years as a radical. The concepts of *Humanidad* and *El Conjunto* probably derive from Comte and Krause, two philosophers popular among the liberal thinkers of the time. Comte (1798-1857), the founder of Positivism, stated that the principal aim of man should be the victory of social feeling over self-love, and he raised humanity into the position occupied by the Supreme Being. Krause (1781-1832), a philosopher perhaps better known in Spain than elsewhere, evolved the theory of «panentheism», which declared that Man and the Universe formed an organic whole made in the image of God. God, intuitively undersood as Conscience, was an essence which contained the Universe within itself. In other novels Galdós has portrayed characters who are serious disciples of Krause; Bailón, of course, is not interested in the philosophy, only in the jargon.

28. **la diosa Isis y el buey Apis.** Isis was one of the principal goddesses of Egypt; Apis was a sacred bull which, for the Egyptians, represented divinity in its most complete form.

29. **pero ese trasto de Quevedillo... Así reventara...** «That silly little fool of a Quevedo... Confound him...» The diminutive *-illo* is used to imply that the doctor is a worthless and insignificant person. *Así* is a more vehement way of saying «quisiera que». *Reventar*, lit. «to burst, or to break into pieces», but, as occurs earlier in the phrase «revienta doña Silvia», it can mean in the popular language «to die».

30. **ésa muy tal y cual me las cobra ahora con los réditos atrasados.** «The dirty so-and-so is now demanding repayment with all the accumulated interest too». «Tal y cual» is a fairly common insulting appellation and the pejorative sense is augmented by the use of «esa» and «muy»; it is typical of Torquemada that even in this critical moment he can only express himself in terms of loans, repayment and interest.

31. **lo que es canela fina,** «something really worth seeing»; «*canela*» lit. «cinnamon» has the figurative meaning of something very fine or exquisite.

32. **para echar los tiempos a la inquilina,** «so that he could insult and abuse the tenant».

33. **Rumalda,** corrupt form of Romualda.

34. **hespital prestao,** pop. for *hospital prestado,* which means «hospital robado»; a familiar phrase for *casa sin muebles.*

35. **el tío manguitillas,** «the stingy old fellow»; *manguito,* lit. «muff», the diminutive here adding to the offensive nature of the word.

36. **caráiter,** pop. *carácter.*

37. **deja, déjate el dinero... con veinticinco reales.** «Forget it, forget the money... Or, better still, so that you won't be offended, let's divide it and you keep twenty-five *reales*.» As in other cases in the novel, Torquemada finds it impossible to be completely generous.

38. **poner como chupa de dómine,** lit. «make like a schoolmaster's waistcoat»; fig. «to insult». See also *poner como un trapo*.

39. **a nosotras no nos la da usted,** «you don't fool us».

40. **miente más que la Gaceta.** The phrase is sometimes written with a small *g* in *gaceta*. «Is a bigger liar than the newspaper». Here *Gaceta* probably refers to the official Government *Gazette*.

41. **me paso por las narices vuestras bendiciones.** «I ignore, pay no attention to, your blessings.»

42. **ponerles como ropa de pascua.** Same as *poner como chupa de dómine*, «to insult».

43. **por mí no ha de quedar.** «I shall not leave it undone». *quedar una cosa por uno*, to be left undone because someone fails in his duty.

44. **bien sabe Dios ... Falta que quiera.** «God knows quite well that that is what I want, He knows it perfectly well.... Don't let's come out afterwards with the unlikely story that He didn't know... I tell you, as far as knowing it goes, He knows it all right... Unless He deliberately doesn't want to.»

45. **las estampas del** *Año Cristiano.* «The prints (pictures) in the *Christian Year*»: the *Año Cristiano* was an almanac, very commonly found in Spanish households, which listed the feast days, etc., of the religious year.

46. **sabiduría y armas al hombro.** *Armas al hombro* is literally the military command «shoulder arms». Here it is added by Torquemada as a phrase which has no connection with what has gone before to imply that what Bailón has just said is nonsense.

47. **al prójimo contra una esquina.** A phrase used to describe egotists.

48. **le daba el hipo por,** «had a great liking or longing for»; *hipo,* hiccup.

49. **unos condenados jueves.** Thursday was the day on which she was «at home», the day for her «five o'clock teas»; clearly she was one of the women Galdós listed earlier: *una mujercita que da tés.* The use of English terms here shows the social class: a woman with social aspirations.

50. **caer... en los tribunales,** «end up in court».

51. **Isidora.** Another character whom readers of Galdós will have met before. She is the heroine or, perhaps better, the protagonist of *La desheredada*, the first of the *Novelas españolas contemporáneas.* There she appeared as a young woman who, having misguidedly believed her father when he told her she was the illegitimate daughter of a noble lady, set out to claim what she imagined was her rightful position in society. To the Galdós of that early period Isidora was a person with exactly the wrong attitude to life: a false idea of one's duty to and one's place in society, a false idea of morality. She gives herself to a man whom she thinks can help her but, when her cause is lost, she is rejected by him and descends rapidly to the lowest depths, ending up as a common street-walker. There the author shows her little sympathy; now, down and out but *escarmentada*, even Torquemada cannot remain completely unmoved. A few lines further on, he even suggests that he may reopen the case on her behalf, but Isidora clearly has had enough of it.

52. **estoy montado a pelo,** «I am on knife edge; I am on the verge of an emotional crisis». The phrase comes from the «hair-trigger» on firearms.

53. **soltaré el trapo,** «I'll burst into tears».

54.   **con vistas a San Bernardino.** San Bernardino was the «asilo municipal» in which beggars, such as Benigna in *Misericordia* (see Chap. XXXI), were lodged. The phrase here means that house and furniture were heavily mortgaged or pledged as security to creditors.

55.   **intereses no percibidos,** «the interest not received». *percibir el dinero, la renta,* «to receive and take charge of the money, the income».

56.   **¿cuándo las habrá visto usted más gordas?** «When can you have seen a better, more generous, offer?» *Las,* the feminine plural, is used here to refer to an unspecified object as happens in so many phrases. *Gordo* is used in much the same sense as in *el premio gordo.*

57.   **¿cuándo se ha visto usted en otra?** «Have you ever seen yourself faced with an offer as generous as this?»

58.   **pues aviado está ... negocios de esos.** «Well, your relative has made a great mistake... Now he can say he has done a very poor bit of business... With a few deals like that he'll ... (be left penniless).» The two phrases *aviado está* and *ha hecho un pan como unas hostias* (lit. «to make very thin bread as in the communion wafer») mean exactly the same thing.

59.   **Esa sí que es salada.** See Note 18 on *sal.* Here it means *sí que tiene gracia.* One would normally expect the neuter, not the feminine, here.

60.   **más tísico que la Traviatta.** The reference is to the consumptive heroine of Verdi's opera, *La Traviata,* the story of which is taken from Dumas's novel, *La Dame. aux camélias.*

61.   **los acepto... ochocientos reales.** Here, as in other earlier cases, Torquemada cannot find it in his heart to be completely generous. He says he will take two pictures but he takes at least five and adds that they might like to leave the rest in his house «for safe keeping». To crown his meanness, he does not even give them the full amount of the promised loan but leaves them 200 *reales* short.

62.   **Se casaron en el ara del amancebamiento,** lit. «they got married before the altar of concubinage». That is, they did not bother to get married but lived together as man and wife. This is not the only occasion on which Galdós movingly extols the virtues of man and woman living together without the blessing of Church or State and indeed of the child born out of wedlock. Many see in this a reflection of the happiness the author himself found in this state.

63.   **los papeles de su herencia y sucesión, de la casa de Aransis.** See Note 51 on Isidora and her life as a young girl.

64.   **rasgos de éstos entran pocos en libra,** «one doesn't see many generous actions like these».

65.   **se van a hacer puñales.** *Puñales,* as will have been noticed, occurs frequently in the book as an interjection without any specific meaning; here, «the doctors can't do anything about it».

66.   **paice, piazo,** pop. *parece, pedazo.*

67.   **A cuenta que he vivido....** «Just remember that I have lived all these years».

68.   **la de la cara fea,** «death».

69.   **la que me quería encajar,** «what he wanted to impose on me».

70.   **a cada paje su ropaje,** «every cobbler to his last»; «every one content with his lot».

71.   **Holofernes.** See the Book of Judith in the Apocrypha. Holofernes was the captain of the hosts of Assyria who had spread terror throughout all the surrounding lands and who was now poised to attack Israel. Judith, a beautiful and virtuous young

widow, offered to try to save her fellowcountrymen; she put aside her widow's weeds and dressed herself in her finest clothes and went to the enemy camp, pretending she was a deserter. Holofernes fell in love with her and, one night when he was drunk, after a banquet, she took his sword and cut off his head.

72.   **más vieja que Jerusalén.** *La tía Roma* means «que Matusalén», «older than Methuselah». «And all the days of Methuselah were nine hundred and sixty-nine years: and he died» (Gen. v. 25).

73.   **dándolo a peseta por duro al mes,** «giving it out very stingily each month». Literally it means that he charged interest of a *peseta* per month on a *duro*.

74.   **a la chita callando,** «on the sly».

75.   **capigorrón.** From *capa* and *gorra*: thus, one who wore *capa y gorra*, usually a vagabond who lived on others; eventually it came to mean simply «a parasite».

76.   **que quieras que no,** «*que quieras o que no quieras*».

77.   **no poder ver ni en pintura,** «to dislike intensely».

78.   **de tejas abajo ... de tejas arriba,** «earthly ... heavenly».

79.   **que me la claven en la frente.** An emphatic rejection or contradiction of the preceding statement; here: *La misericordia que yo tenga, ¡...ñales! que me la claven en la frente.* «And any pity I may have ... damn it!... you won't see any sign of it now!»

GLOSSARY

abalorio glass bead
acoquinar intimidate
achicharrar burn to a crisp
afanar (slang) steal
agarrado mean, tight
albañil bricklayer
amilanarse shrink back, cower
anafre, also **anafe** small portable stove made of either iron or earthenware
andanada broadside
apear dissuade
apechugar (lit.) push with the chest; (fig.) put up with something
apego liking
arrear drive a horse (cf. *¡arre!* gee up!); *¡arrea!* hurry, get a move on!
arriar (naut.) lower
asesorar give advice
asistir a look after, take care of
atajo bunch, group
aviado, estar aviado make a great mistake, especially in business matters

barbián attractive, elegant
bastidor embroidery frame
batahola hurly-burly
batiente door jamb
bombo big drum; **dar bombo** praise excessively
bono bond, certificate
breva (lit.) early or first fruit of a fig tree; (fig.) advantage; head-start
bruces, de bruces face downwards; cf. *bocabajo*
buche mouthful
busilis difficult or knotty problem

cacho slice, piece
carretilla (lit.) little cart; (fig.) from memory, by heart. Used with *saber, recitar,* etc.

carrik wide cloak with further small capes around the shoulders; the name comes from David Garrick, the famous eighteenth-century English actor
cartucho cartridge, roll of coins of the same denomination
cas, en cas de (fam.) *en casa de*
casa de corredor tenement house
cascar (slang) die
caspa dandruff
catar taste
catilinaria see Note 15
cesantía see Note 3
cleriguicio a popular and insulting form of *clerecía*; more usually *cleriguicia*
coleto short tunic; **para su coleto** to oneself
cólico miserere appendicitis
condumio any cooked food eaten with bread; scrap of food
contribución tax
coquito (dim.) from **coco** bogeyman, fantastic figure invented to frighten children

chambra plain simple blouse
chaquet morning coat; **chaquet con trencilla** braided morning coat

dale que dale obstinately; **¡dale!** or **¡dale que dale!** exclamations usually implying displeasure at another's obstinacy
desamortización disentailment (see Introduction)
despabilar excite, rouse
despojo offal
despotricar(se) talk incessantly
desquiciamiento (lit.) unhinging; (fig.) upsetting, downfall. Cf. *sacar de quicio* drive mad

devanar roll wool into a ball; **devanarse los sesos** cudgel one's brains
disnea dyspnoea, difficulty in breathing
dogal noose

embozo lapel
empañado blurred
endilgar produce, bring out
enésimo infinite
enfurruñarse grow angry, be hostile to
escabechar (lit.) pickle, dye; (fam.) kill in anger
espantajo scarecrow
espatarrar, also **despatarrar** sprawl, stretch one's legs
esperpento grotesquely ugly person
esquela note
estampía used only in adverbial phrase *de estampía* with verbs like *salir, partir,* «in a rush». Cognate with Eng. stampede
estofada de contra stew made with poor pieces of meat
estuche jewel case
extender recibos write out receipt forms
ex-votos offering left on altars and statues

facha, echar facha con display, show off
fanal lantern
francachela meal taken at any time of the day purely for pleasure
friega rubbing

gallineja fried tripe of fowl sold in poor quarters of town
ganga bargain
garito gambling den
golpe de vista quick-wittedness
guillarse run away, escape

hecha, de esta hecha same as *desde ahora*
huraño shy

inglés moneylender; also, one who doesn't pay his debts
instar persist with plea or request

intríngulis central point or meaning of something

jeringado cursed, damned; **jeringa** (lit.) syringe, (fam.) nuisance
jícara small chocolate cup usually made of wood; (fam.) head
jipío (pop. form of *hipido*, a word in which «h» is aspirate) hiccup
juego, dar juego usually in a phrase such as *da juego el asunto*, the affair is having a greater effect than expected; here *éstos le daban juego*, these gave him an opportunity
jueves, cosa del otro jueves something out of the ordinary, unbelievable

latero pop. for *latoso* boring
leña (fam.) stick; **dar leña** beat
limar file

magín (fam.) *imaginación*
mártira a popular feminine form of *mártir*
matraca (lit.) rattle; (fam.) annoying insistence
mechar stuff
memorial petition
mientre (pop.) *mientras*
miseria lice
mohín gesture
mojama dried tunny fish
mondongo guts
monigote grotesque figure
montepío contributory pension fund
mordelón same as *mordedor*; **morder** murmur, satirize; **perro mordelón** whining dog
mota (fam.) small copper coin

nimiedad fussiness, attention to small detail
nómina list signed by public employees on receipt of salary

oriente special lustre in pearls

palmito woman's face
papa (lit.) pap; (fam.) nonsense, rubbish

pariente (fam.) husband

pasto, a todo pasto plentiful

pataleta, patatús convulsion, fainting fit; **patalear** kick violently

peine (fam.) knave, rogue

pela, a la pela on the shoulders

pella (fam.) sum of money, usually referring to money dishonestly acquired

peripecia sudden change of fortune (in book or play); unlikely event or story

piltrafa scrap of food

pindonga; pindonguería idle woman; the useless things produced by or connected with her

pingo rag

pitillera cigarette-maker

potingue potion

prosas commonplace things

punta de París wire nail

ramo small or secondary branch; branch of industry or knowledge

rasgo generous action

recalcar mark

recargo (lit.) addition to a load; rise in temperature

remendón cobbler

requilorio (lit.) roundabout way of doing or saying something; (fam.) something unnecessary

retruécano quibbling detail, pun

revoco plaster

revolar hover, flutter around

roñoso mean, stingy

rosquilla ring-shaped cake

sablazo, dar un sablazo sponge, cadge

saneado guaranteed

sayón executioner

sinapismo mustard plaster

sisar steal

so from *seó* a contraction of *seor, señor*; *so* is used to add force to the insulting word which follows; *so tunanta, so chinche, so mamarracho*

sobreseer (legal.) drop legal proceedings

tamañito confused, at a loss; used with *dejar, quedar*

tarabilla person who talks lengthily and incoherently

tarasca evil or ugly woman

timo trick, deceit

tirada aparte offprint

tirar, a todo tirar at most, at the most

tirria antipathy

trabucar confuse, mix up

trabuco naranjero bell-muzzled, large-calibre musket, used by bandits in the nineteenth century

tranco long stride; **a manos** in a rush

trashijado very thin; from *tras* plus *hijada* side

traspontín bottom, backside

trastienda prudence, business sense

trasto domestic utensil, worthless person; **trastos de ahorcar** hangman's tools

trincar seize

vaqueta tanned hide; **cara de vaqueta** tough unyielding face

vargueño (properly *bargueño* < Bargas, a town in the province of Toledo) an elaborately carved and richly ornamented escritoire

veladura softening of the tone of voice

Verbo Second Person of the Trinity; *el mismísimo Verbo* Christ Himself; by extension the word has come to mean God and further, in a phrase like *empeña el verbo*, «everything».

vigilia abstinence from meat

visita a type of woman's cloak

zampar hide away surreptitiously, swallow quickly

zote ignorant person

zurrón shepherd's leather bag